여호와 하나님의 놀라운 권능과 은혜를 만끽하도록 돕는 묵상록

하나님과 함께 하는 시간
- Zeit mit Gott -

디아코니센 무터하우스 편 | 정인모 역

◎ 큐티 하는 방법 ◎

1. '하나님께서 오늘 나에게 어떤 말을 하실까?'라는 단순한 질문을 품고
2. 본문을 꼼꼼히 읽으며, 본문 외에 관련된 말씀을 함께 읽어 더 깊이 묵상하고
3. 자신에게 감동을 주는 부분을 기록하여, 하나님과 나와의 기록문(다큐멘트)을 남겨두는 것도 좋고
4. 읽기 싫을 때도 억지로라도 읽는 습관을 가지며
5. 낯설거나 이해하기 힘든 부분이 혹 나오더라도 지치지 말고
6. 어떤 일이 일어나더라도(죄의식 등) '하나님에게 나는 늘 환영받을 존재'라는 것을 인식하기

묵상집을 펴내며 (역자 후기)

광야 같은 이 세상을 지나면서 창조주와 동행할 수 있는 축복만큼 더 대단한 기적이 있을까?

크리스천으로 이 세상을 살아간다는 것은 참으로 귀한 하나님의 축복이다. 만물의 창조주이시고, 우리의 죄를 위하여 몸까지 다 내어주신 주님을 알고, 또 그분께 경배하며, 그분의 뜻에 따라 살아가려고 노력하는 것만큼 더 큰 축복은 없을 것이다. 바람같이 잡을 것 없는 이 세상에서 의미 없는 삶을 살아갈 때 우리는 모두 허무주의자가 될 뿐이지만, 주님이 우리 삶의 의미를 채워주시기에 우리는 살아갈 이유를, 찬양할 이유를 가지게 되는 것이다.

하나님은 우리에게 광야 같은 이 세상을 올바로 살아가도록 지침서를 주셨다. 그것은 바로 하나님 말씀이다.

우리가 여행하기 위해서는 지도가 필수적인데, 하나님의 말씀은 지도와도 같다. 하나님 말씀이 우리 크리스천들에게는 생명줄과도 같기에 종교 개혁자들은 그렇게 성경을 자국어로 번역하려고 노력했다. 위클리프가 그랬고, 후스, 루터 등도 자국어로 성서를 번역하고 일반 성도들에게 하나님 말씀인 진리를 전하는 데 목숨을 걸었다.

오늘날 우리는 마음만 먹으면 하나님 말씀을 손쉽게 접할 수 있다. 문제는 하나님 말씀이 바로 우리 곁에 있어도 우리가 그것을 읽고 묵상할 시간과 여유가 없다는 점이다.

마치 홍수 속의 물고기가 마실 물이 없어 목말라 죽고, 곡식 넣는 곳간에 먹을 식량이 없어 쥐가 굶어죽는 형국이다. 말씀의 홍수 속에 살지만 정작 그 말씀을 내 것으로 만들고 실행에 옮길 용기와 부지런함이 부족한 실정이다.

"너희는 말씀을 행하는 자가 되고 … Do it, what it says!"(약1:22상)가 필요한 시기이다.

이런 상황에서 도전적으로 이 책을 감히 내놓는다. 그동안 SNS를 통해 묵상 글을 매일 올렸는데, 책으로 출판되면 좋겠다는 많은 카톡 친구나 밴드 가족들의 바람이 있어 과감히 책으로 엮어보기로 했다.

이 큐티 교재의 원저는 독일 경건주의 전통을 이어받은 디아코니센 무터하우스 Diakonissen-Mutterhaus에서 나오는 성경 묵상집으로서, 원제는 '하나님과 함께하는 시간 Zeit mit Gott'이다.

이 책은 100년 넘는 역사를 자랑한다.

원래 독일 게오르크폰 피반 장군이 묵상 글을 써 오던 것을 그의 딸 크리스타 피반 Christa Viebahn이 이어받았고, 오늘날에는 레기네 모어 Regine Mohr 팀이 이어받아 이 교재의 집필을 맡고 있다.

이 번역본의 한 부분은, 102년 전인 1917년에 크리스타 피반이 썼던 호세아서를 그대로 싣고 있다. 백 년이 넘은 글인데도 여전한 은혜를 주고 있는데, 이로써 시대가 지나도 전혀 변하지 않고 낯설지 않은 것이 하나님 말씀이라는 것을 말해주고 있다. 크리스타 피반은 경건주의 창시자라 볼 수 있는 그 유명한 필립 슈페너의 후손이다. 원래 '성경 읽기 쪽지 Bibellesezettel'였던 제목은 최근에 '하나님과 함께 하는 시간 Zeit mit Gott'으로 바뀌었다.

이런 역사를 자랑하는 이 큐티 교재의 특징을 나열하면 다음과 같다. 이것이 시중의 많은 큐티 책들과 구별될 만한 내용이라 볼 수 있다.

우선, 성경 읽기에 깊이와 넓이를 더해주는 책이다. 다시 말해 이 교재는 단순한 묵상집이 아니라 방대한 신학적 지식과 틀 속에서 성경 말씀을 은혜롭게 잘 풀어나가는 책이다. 신학적 노선은 초교파적이고 전통 복음주의를 지향한다.

둘째, 열흘에서 보름 정도 일정 기간 계속 한 주제를 다룸으로써 깊이 있는 묵상 거리를 제공한다.

셋째, 짧지도 길지도 않은 적당한 분량으로 매일 아침에 읽을거리를 제공하기 때문에 아침에 배달되는 우유처럼 우리를 영의 보양식으로 채워주고 있다.

이 책은 그동안 포르투갈·크로아티아·스페인어 등으로 번역되었는데 이번에 처음으로 한국어로 번역되었다.

번역을 기꺼이 허락해 준 레기네 모어 원장님을 비롯한 디아코니센 무터하우스 측에 감사함을 전한다. 한국어 번역판을 내어주신 신 사무엘 선교사님께도 심심한 감사를 전하는 바이다. 아무쪼록 이 책이 하나님을 더 잘 알고, 주님의 뜻을 이 시대에 실천할 수 있는 용기와 도구로 쓰임 받는다면 더 이상의 바람은 없을 것이다.

이 책에 인용된 한국어 성경 본문은 새번역 버전임을 밝혀둔다.

이 모든 감사와 영광을 하나님께 돌리는 바이다.

sola scriptura! (오직 성서!)

2019년 8월
금정산 자락에서
정인모

☞ 역자: 정인모

- 부산 내성교회 장로. 부산대학교 독어교육과 교수. 미쏘마 포럼 대표
- 저서: 경건의 후예들(꿈과 비전, 2018), 공중의 새, 들의 백합화(카리타스, 2015), 독일문학 감상(새문사, 2012), 하인리히 뵐의 문학세계(부산대학교출판부, 2007) 외 다수
- 역서: 올가의 장례식날 생긴 일(산지니, 2013) 외 다수

☞ 저작권(copyright) 표기

Die Rechte für den deutschen Text liegen beim Diakonissenmutterhaus Aidlingen.

1월 1일 QT
(새해에 부쳐)

"주님께서 손으로 몸소 나를 창조하시고, 나를 세우셨으니, 주님의 계명을 배울 수 있는 총명도 주십시오."(시 119:73)

나의 시간은 하나님 손에서 나온 선물입니다.

24시 자정 종소리가 지나 이제 새해를 맞이할 때, 또다시 우리는 오늘 1월 1일부터 12월 31일까지의 시간을 보낼 것입니다. 그중에는 축제도 있고 생일도 맞이하게 될 것입니다.

하지만 '시간'과 '삶의 시간'은 반복되지 않습니다. 또 시간은 돈이나 자재처럼 쌓아둘 수도 없는 독특한 자산입니다. 우리가 원하든 원치 않든 1분은 60초로 이루어져 있습니다. 이 시간은 기계처럼 껐다 켰다 할 수 있는 게 아닙니다. 시간은 돌이킬 수 없는 것입니다.

시간이라는 현상에는 비밀이 있습니다. 하나님의 말씀이 우리에게 방향을 잡도록 도와준다는 것입니다. 시간은 하나님의 생각이고 창조입니다. '시간'과 '삶의 시간'은, 하나님이 손으로 창조한 창조 보고서에 기록된 대로 인간에게 범주 조건을 줍니다. 이로써 믿는 사람에게 그의 삶을 시작하고 끝내는 시각을 알게 해줍니다. 인간이 원하고 계획하고 실수하고 용서하는 것과는 관계없이 각 개개인은 하나님이 원하셨기 때문에 모태에서 생겨났습니다.

우리 자신의 삶은 하나님 안에서 원천을 가집니다. 그의 손에서 나의 새해 첫 시간을 맞이합니다.

"바로 내가 친히 이 땅을 만들었으며, 바로 내가 그 위에 인류를 창조하였다. 내가 손수 하늘을 폈으며, 그 모든 별에게 명령을 내렸다." (사 45:12)

1월 2일 QT

"바로 그 에스라가 바빌로니아에서 돌아왔다. 그는 주 이스라엘의 하나님이 주신 모세의 율법에 능통한 학자이다. 주 하나님이 그를 잘 보살피셨으므로, 왕은 에스라가 요청하는 것은 무엇이나 다 주었다 … 그가 바빌로니아를 떠난 것은 첫째 달 초하루이다. 하나님이 그를 잘 보살펴 주셔서, 다섯째 달 초하루에 예루살렘에 닿을 수 있었다." (라7:6, 9)

나의 시간, 하나님의 손이 내린 축복

에스라서는 바빌로니아 포로 이후 이스라엘 민족이 긴장 속에서 보낸 시작 속의 일들을 우리에게 보여주고 있습니다. 페르시아 왕 고레스는 유대인들이 다시 예루살렘으로 돌아오도록 했습니다. 이 사건은 대충 일어난 게 아닙니다. 왕은 에스라에게 귀환을 위해 필요한 모든 것을 주었는데, 이는 '그의 신이신 하나님의 손이 그에게 임했기 때문입니다.'

하나님의 손은 에스라가 보인 권능의 표상입니다. 그 손은 돕기도 하고 멸하기도 하며 구원하기도 합니다. 하나님께서 손을 거두신다는 것은 심판을 뜻하지만, 하나님의 손은 그를 찾는 모든 자에게 최상의 좋은 것을 베푸십니다. 여기서는 두 가지를 관찰할 수 있습니다.

① 제목에서처럼 하나님 손아래 있는 축복을 읽을 수 있습니다. 에스라서에서 볼 수 있듯, 하나님께서 에스라의 삶에 손을 얹어 그에게 축복을 베푸셨습니다. 이처럼 하나님이 자기 손을 민족이나 각 개인에게 얹는 것

은 그 누구도 저항할 수 없는 하나님의 주권적 행위입니다.

"마음을 강하게 하고 용기를 내십시오. 그들 앞에서, 두려워하지도 말고 무서워하지도 마십시오. 당신들의 하나님이 손을 거두지 않으시며 당신들을 떠나지도 않으시고 버리지도 않으실 것입니다."(신31:6)

② 하나님의 자비로운 손 아래의 사건들은 그의 신실하심의 표식입니다. 하나님이 심판, 귀환, 새로운 시작에 관해 주신 말씀들은 모두 그대로 성취됩니다. 하나님은 신실하신 분이시고 계속 그렇게 남아 있을 것입니다.

주님, 나의 지난 날들을 당신의 손에 돌려드릴 수 있어 감사합니다.
새해의 알 수 없는 길에서도 나는 당신을 의지합니다.
"그는 한결같은 마음으로 그들을 기르고, 슬기로운 손길로 그들을 인도하였다." (시78:72)

1월 3일 QT

"내 앞날은 주님의 손에 달렸으니, 내 원수에게서, 내 원수와 나를 박해하는 자들의 손에서, 나를 건져주십시오. 주님의 환한 얼굴로 주님의 종을 비추어주십시오. 주님의 한결같은 사랑으로 나를 구원하여 주십시오. 내가 주님께 부르짖으니, 주님, 내가 부끄러움을 당하지 않게 해주십시오. 오히려 악인들이 부끄러움을 당하고 죽음의 세계로 내려가서, 잠잠하게 해주십시오." (시31:15~17)

나의 시간, 하나님 손에서 보호받음

'시간'을 '시작', '출발'이라는 의미로 이해한다면, 이는 우리 앞에 놓인 불확실한 미래와 관계가 있습니다. 그래서 해가 바뀔 때 우리는 시편 31편 15절(내 앞날은 주님의 손에 달렸으니, 내 원수에게서, 내 원수와 나를 박해하는 자들의 손에서, 나를 건져 주십시오)을 노래하게 됩니다. 이 구절은 우리에게 보호와 위로를 느끼게 줍니다. 물론 우리가 체험하는 것은 위로나 보호와 상반될 수 있습니다. 새해 정초부터 어떤 어려운 일을 겪게 되면 그 해는 내내 힘들게만 흘러갈 것처럼 보일 것입니다.

시편 말씀에서 다윗은 자신의 상황을 '거미줄'·'가련함'·'궁핍'·'원수'·'걱정' 등의 단어로 묘사하고 있고 자신이 죽음의 위험에 처해 있다는 것을 직감했습니다. 하지만 다윗은 자기의 시간이 하나님 손에서 지켜진다는 것을 알고 있었습니다. 이러한 통찰은 엄청난 부담과 위험 속에서도 자라났습니다.

왜 다윗은 자신의 믿음을 무너뜨리지 않고 지킬 수 있었을까요?

그는 하나님을 향한 신앙 덕분에 고통으로부터 도피할 수 있는 길을 얻었기 때문입니다.

"내가 당신을 믿습니다." "주여, 나는 당신을 바랍니다. 당신은 나의 하나님입니다."

다윗은 자신이 볼 수 없었던 하나님을 마치 보기라도 한 듯 그에게 머물렀습니다. 그렇게 행동하는 사람은 하나님이 그를 살피고 붙드신다는 것을 알고 있습니다. 어떤 삶의 순간에도 하나님은 자신에게 속한 사람을 그냥 내버려 두지 않습니다.

하나님의 독생자 예수님이 죽는 순간, 그 목숨을 인간의 손에 내주는 것처럼 보였을 순간에도, 주님은 다윗의 시편 말씀으로 기도하셨습니다.

"아버지여, 내 영혼을 당신의 손에 맡깁니다." 그처럼 우리의 삶의 시간은 영원에 이르도록 주님의 손에 들릴 것입니다.

1월 4일 QT
(오늘부터 '넘치도록 주시나이다'라는 내용으로 시편 65편을 묵상합니다.)

"하나님, 시온에서 주님을 찬양함이 마땅한 일이니, 우리가 주님께 한 서원을 지키렵니다. 우리의 기도를 들으시는 주님, 육신을 가진 사람이면 누구나 주님께로 나아옵니다. 저마다 지은 죄 감당하기에 너무 어려울 때, 오직 주님만이 그 죄를 용서하여 주십니다. 주님께서 택하시고 가까이 오게 하시어 주님의 뜰에 머물게 하신 그 사람은, 복이 있는 사람입니다. 그러므로 우리는, 주님의 집, 주님의 거룩한 성전에서 온갖 좋은 복으로 만족하렵니다. 우리를 구원하시는 하나님, 주님께서 그 놀라운 행적으로 정의를 세우시며, 우리에게 응답하여 주시므로 땅끝까지, 먼바다 끝까지, 모든 사람이 주님을 의지합니다. 주님께서는 주님의 힘으로, 주님의 능력으로 허리에 띠를 동이시고 산들이 뿌리를 내리게 하셨습니다. 주님께서는 바다의 노호와 파도 소리를 그치게 하시며, 민족들의 소요를 가라앉히셨습니다. 땅 끝에 사는 사람들까지, 주님께서 보이신 징조를 보고, 두려워서 떱니다. 해 뜨는 곳과 해 지는 곳까지도, 주님께서는 즐거운 노래를 부르게 하십니다. 주님께서 땅을 돌보시어, 땅에 물을 대주시고, 큰 풍년이 들게 해주십니다. 하나님께서 손수 놓으신 물길에, 물을 가득 채우시고, 오곡을 마련해주시니, 이것은, 주님께서 이 땅에다가 그렇게 준비해 주신 것입니다. 주님께서 또 밭이랑에 물을 넉넉히 대시고, 이랑 끝을 마무르시며, 밭을 단비로 적시며, 움 돋는 새싹에 복을 내려 주십니다. 주님께서 큰 복을 내리시어, 한 해를 이렇듯 영광스럽게 꾸미시니, 주님께서 지나시는 자취마다, 기름이 뚝뚝 떨어집니다. 그 기름이 광야의 목장에도 여울져 흐르고 언덕들도 즐거워합니다. 목장마다 양 떼로 뒤덮이고, 골짜기마다 오곡이 가득하니, 기쁨의 함성이 터져 나오고, 즐거운 노랫소리 그치지 않습니다." (시 65:1~13)

시편 65편은 다윗이 하나님과 나누는 친근한 대화를 우리에게 보여줍니다.

"당신은 기도를 들으십니다… 당신은 죄를 사하십니다… 나를 당신께 가까이 가도록 하십니다… 당신은 모든 사람이 의지할 자입니다."

다윗은 개인적으로 하나님께 가진 친근함을 표현하기 위해 이런 말들을 12~14번이나 언급하고 있습니다. 이렇듯 다윗은 하나님의 행하심을 알았기에 그의 앞에는 끊임없는 지평선이 펼쳐져 있습니다.

그는 하나님이 창조하시는 힘을 찬양합니다. 동시에 그는 이 전능하신 주님이 자기 백성들에게 풍성한 수확을 선사해주신다는 것을 알고 있습니다. 그런데 이런 외적인 베품만을 찬양하는 것이 아니라, 다윗은 영적인 축복, 기도 들음, 죄 사함, 하나님과의 교제 등 내적인 베품에 대해서도 감사하고 있습니다. 우리는 놀라운 그의 창조와 충실한 배려에 감사합니다.

그런데 나의 마지막 생애에 하나님은 어떤 영적인 축복을 내려주실까요? 기도 중 하나님께 감사할 수 있을 겁니다. 또 나를 이 혼란스러운 현실에서 빠져나와 평정심을 가질 수 있는 새로운 시각을 가지게 해 주실 겁니다. 하나님과 연합되는 행복으로 초대할 것입니다.

"주님께서 나를 도우셨기에 나 이제 주님의 날개 그늘 아래서 즐거이 노래하렵니다. 이 몸이 주님께 매달리니, 주님의 오른 손이 나를 꼭 붙잡아 주십니다." (시63:7~8)

1월 5일 QT

"하나님, 시온에서 주님을 찬양함이 마땅한 일이니, 우리가 주님께 한 서원을 지키렵니다." (시65:1)

다윗은 기원의 노래를 다음의 말로 시작합니다. "하나님이여, 시온의 고요함 속에 당신을 찬양합니다."

"이 버전은 다음과 같이 옮길 수도 있을 것입니다. 엄숙한 정적 속에서 당신에게 기도하는 것은 우리가 어떻게 최상의 찬양을 드릴지 몰라서입니다. 우리의 침묵이 찬양의 노래입니다. 우리의 마음이 심오한 바램으로 가득 찰 때, 아무리 아름다운 노래라 할지라도 주님의 영광과 선하심에는 충분치 않다는 것을 느낍니다. 내면의 체험이 없는 큰 소리의 찬양이나 악기보다는, 그의 자비하심이 너무나 큰 것을 느끼면서 주님 앞에 조용히 엎드리는 것이 더 나은 찬양을 드릴 수 있기 때문입니다.

노래하기 전에 마음속의 현을 조율하는 게 중요하고, 영광의 주님을 찬양하기에는 어떤 아름다운 노래라도 거기에 미치지 못한다는 것을 생각하는 게 중요합니다." (스펄전 목사)

때로는 고요한 가운데서 하나님을 찬양하는 게 쉽지 않습니다. 어떤 때는 움츠린 맘 상태가 우리의 찬양 환경을 방해하기도 합니다. 또 일상의 일들이 쉽게 가라앉지 않기도 합니다. 그럼에도 고요한 시간을 정해서 찾고 계획에 넣는 것이 의미가 있습니다. 그래야만 하나님의 위대하심과 영광, 또 그의 사랑과 축복을 자유로이 바라볼 수 있습니다.

"나의 영혼이 잠잠히 하나님만 바람이여 나의 구원이 그에게서 나는 도다." (시62:1)

"나의 영혼아 잠잠히, 하나님만 기다려라. 내 희망은 오직 하나님에게만 있다." (시62:5)

1월 6일 QT

"우리의 기도를 들으시는 주님, 육신을 가진 사람이면 누구나 주님께로 나아옵니다." (시65:2)

다윗은 일상적이거나 평범한 사항이라도 기도로 하나님 앞에 나아가야 한다고 격려하고 있습니다. 시편 기자는 기도의 위력을 알고 있습니다.

"나의 우편 되신 하나님, 불안 속에 있는 나를 위로하시는 하나님. 내가 부르짖을 때 자비를 베푸시어 나의 기도를 들어주소서."

아무런 출구가 보이지 않을 때 구원의 손길을 그는 종종 체험했습니다.

우리의 기도를 들으시고 귀 기울이시는 전능한 자를 우리는 가지고 있습니다.

이 확신을 지니고 오늘로 나아가면 전능한 자께서는 설명되지 않는 일들을 해결하려고 할 때나 어떤 상황에 대책 없이 마주 서 있을 때, 또 우리가 일 처리 가운데 시간 압박을 받을 때에 심오한 여유를 갖게끔 도와주십니다. 불안과 놀람이 우리를 마비시키고 우리가 환멸 속으로 빠져들 때에도 항상 우리는 하늘 중심과 연결되어 거기서부터 도움과 지도를 받을 수 있습니다. 하나님은 이 시대의 세상을 움직이는 거대한 것뿐 아니라 우리의 작은 일상까지도 보살펴 주십니다.

우리에겐 보이지 않아도 주님은 어떤 경우라도 당신의 손에서 인도의 줄을 놓지 않으십니다.

"근심 걱정이 있을 때 당신은 누구에게 어디로 가시나요? 예견할 수 없는 일에 부딪힐 때 당신은 어디로 누구에게로 가시나요? 아주 구체적으로 의식적으로, 내 걱정을 가지고 하나님께로 나아가는 연습을 해야 합니다. 나의 경우, 하나님께로 자동으로 나아가는 때는 드뭅니다. 매번 의지의 결단을 가지고 나아가게 됩니다." (H. P. Royer)

"나는 소리를 높여서 주님께 부르짖는다. 나는 소리를 주님께 애원한다. 내 억울함을 주님께 호소하고, 내 고통을 주님께 아뢴다." (시142:1~2)

1월 7일 QT

"저마다 지은 죄 감당하기에 너무 어려울 때에, 오직 주님만이 그 죄를 용서하여 주십니다." (시65:3)

"당신은 우리 죄를 사해 주십니다."
다윗은 자신을 바닥까지 떨어지게 한, 일생의 중죄를 알고 있었습니다. 우리에게 죄가 인식된다면 어떻게 하겠습니까? 공처럼 그 죄를 물 밑으로 밀어 넣고 "요즘 다른 사람들도 다 저러는데 그렇게 나쁜 건 아니잖아"라고 스스로에게 위로나 변명 따위를 할지도 모릅니다. 아니면 나의 죄를 다른 사람에게 전가할 수도 있습니다. 하지만 그러한 회피는 더이상 우리를 앞으로 못 나아가게 하고 막다른 골목으로 빠져들게 합니다.

우리가 우리 죄를 인식하고 우리 자신을 죄 옆에 세워놓는다면, 우리는 다윗처럼 자유로워지는 체험을 하게 됩니다.

"당신이 우리 죄를 용서하십니다."
"우리가 죄가 없다고 하면 우리 스스로를 죽이는 것이고 우리 속에 진리가 없음을 말해줍니다. 그런데 우리가 우리 죄를 고백하면 그는 미쁘시고 의로우셔서 우리 죄를 사해 주시고 모든 불의에서 우리를 깨끗케 할 것입니다."

돌아온 탕자는 막다른 골목길에서 자기 부친께로 돌아왔습니다.
"아버지, 나는 하늘과 당신 앞에 죄를 지었습니다." 이 고백으로 탕자는 다시 아버지 집에서 아버지와 함께 살아갈 수 있었습니다. 아버지는 그 아들에게 그가 아들로 주장할 만한 모든 권한을 새롭게 다시 건네주었습니다.

하나님은 죄를 가지고 자기에게로 오는 사람을 오늘날까지 큰 자비로 맞이해 주십니다. 용서란 우리가 체험할 수 있는 가장 아름답고 숭고한 것입니다.

"죄를 용서받는 사람은 즐거워 할 수 있습니다. 죄에서 벗어난 사람을 하나님은 좋게 여기십니다. 주님이 자기 과오를 염두에 두지 않는 사람은 복 있는 자입니다."

"복되어라! 거역한 죄 용서받고 허물을 벗은 그 사람! 주님께서 죄 없는 자로 여겨 주시는 그 사람! 마음에 속임수가 없는 그 사람! 그는 복되고 복되다!" (시32:1~2)

1월 8일 QT

"주님께서 택하시고 가까이 오게 하시어 주님의 뜰에 머물게 하신 그 사람은, 복이 있는 사람입니다. 그러므로 우리는, 주님의 집, 주님의 거룩한 성전에서 온갖 좋은 복으로 만족하렵니다." (시 65:4)

마이어 F. B. Meyer는 그의 수상집에서 "나의 주여, 나는 이 특권 받은 사람 중에 들기를 원합니다"라고 하였습니다. 이 마음은 그러한 행복과 어떤 것도 비교할 수 없음을 말합니다. 자연의 아름다움, 진정한 공동체의 기쁨, 예술이나 학문의 열정, 이 모든 것도 당신 곁, 하나님 집에 사는 것만큼 기쁘고 행복하지 않다고 합니다. 오, 내가 당신께 가도록, 당신께 가까워지도록 허락하소서.

우리가 기도 중에 하나님께 진지하게 향한다면 그는 우리 기도와 간구를 들으신다는 것을 확신할 수 있습니다. 용서받음으로 우리는 하나님과 동거할 수 있습니다. 우리는 그의 사랑과 자비, 관심, 축복을 셀 수가 있습니다. 우리는 그의 고향 집에서 환영받고 이미 여기, 또 영원에 이르도록 예수님과 살 수 있습니다. 이 얼마나 큰 특권입니까?

12년간 하나님 사역자로 부름 받아 창녀와 중독자들을 돌보았던 샬로테 호쉬 Charlotte Hosch는 이런 노래 가사를 적었습니다.

"내가 당신 가까이 있지 않을 때면 항상 본향의 그리움을 갖게 하소서, 하나님."

"주님이 그들의 하나님이 되시기로 한 나라, 곧 주 하나님이 그의 기업으로 선택한 백성은 복이 있다." (시33:12)

1월 9일 QT

"주님께서 택하시고 가까이 오게 하시어 주님의 뜰에 머물게 하신 그 사람은, 복이 있는 사람입니다. 그러므로 우리는, 주님의 집, 주님의 거룩한 성전에서 온갖 좋은 복으로 만족하렵니다." (시65:4)

하나님은 사람들과는 다른 범주에 따라 선택을 하십니다. 이스라엘 백성은 다른 어떤 민족보다 보잘 것 없는 데도 감사할 줄 모르고 목이 곧았으며 배우려고 하지 않았습니다. 주님이 살인을 범한 모세를 그의 사명자로 불렀을 때 모세는 이미 80세였습니다. 분명 모세는 하나님의 개입을 산정하지 않았고 하나님의 종으로서는 완전히 적합하지 않다고 생각했습니다.

기드온도 하나님께 많은 질문을 해댔습니다. 왜 우리를 미디안 사람에게 넘겨주십니까? 우리 조상들이 얘기하던 기적은 어디에 있습니까? 내 종족이 가장 미약하다면 내가 이스라엘을 무얼 가지고 구할까요? 더구나 나는 우리 아버지 집에서 가장 어리지 않습니까?

어린 목자 다윗은 가족 중 '작은 자'로 여겨졌으나 그가 민족의 왕이 될 때 누구도 다윗이 하나님의 선택받은 자라고 생각하지 않았습니다. 주님은 사무엘을 통해 외모를 보지 말라, 즉 인간적인 잣대를 보지 말라고 하면서 주님은 사람의 마음 중심을 본다고 말하셨습니다.

주님은 유명하지도 않은 제자들을 선택했습니다. 그들은 '배우지 않은 단순한 사람들'로 여겨진 사람들입니다. 그래서 주님은 "너희가 나를 택한 것이 아니고 내가 너희를 택하였고, 내가 너를 택정한 이유는 가서 과실을 많이 맺고 풍성한 채로 머물러 있기 위함"이라고 말씀하십니다.

여기서 강조되는 것은 하나님의 선택이 어떤 인간적인 특별한 강점이나 장점에 있지 않으며 주님의 선택은 자유롭다는 것입니다. 그는 순종과 헌신을 기다리십니다. 그렇게 함으로 하나님은 자기의 왕국을 세우게 되는 것입니다.

"당신들은 주 당신들의 하나님의 거룩한 백성이요, 주 당신들의 하나님이 땅 위의 많은 백성 가운데서 선택하셔서, 자기의 보배로 삼으신 백성이기 때문입니다." (신7:6)

1월 10일 QT

"우리를 구원하시는 하나님, 주님께서 그 놀라운 행적으로 정의를 세우시며, 우리에게 응답하여 주시므로 땅끝까지, 먼 바다 끝까지, 모든 사람이 주를 의지합니다." (시65:5)

이로써 다윗은 그의 시선이 어디로 향해야 하는지를 말하고 있습니다. 그는 하나님을 바라봄으로써 올바른 시선을 확보하고 있습니다.

"견뎌내는 믿음, 확신하는 신뢰, 이것은 삶의 어두운 지경에서 필요한 최고의 기본이라 할 수 있습니다." (P. Hahne)

시편 기자 아삽은 시편 73장에서 '어두운 지경'을 잘 묘사하고 있습니다. 그는 하나님 없이 살아가는 사람들이 잘 되는 것을 보았습니다. 겉보기에 그들은 아무런 부족함이 없습니다. 그들은 건강함이 넘치고 삶을 즐기고 잘 극복하는 데다 자만심도 보이며 살아갑니다. 그들의 얼굴에는 악의가 비치며 시니컬한 말투로 조롱하기도 합니다

그들은 하나님에 대해 이렇게 말합니다. 하나님은 아무 염려도 안 하는데 왜 우리가 하나님을 섬겨야 하지? 그들은 아무 염려 없이 하루를 살아갑니다. 아삽은 그 모든 것을 보았습니다. 그것은 하나님 믿는 믿음에 좌절을 가져다주었을 지도 모릅니다. 고통스러운 매일 속에서도 그는 의미를 붙들려고 시도했습니다.

그러나 아삽은 결정적 전환을 체험합니다. 그는 거룩한 하나님께로 나아갑니다. 거기서 분명히 느낀 것은 하나님 없는 사람들의 삶도 끝이 난다는 것입니다.

갑작스레 그는 자신의 하나님을 보았습니다. 상황은 변하지 않았으나 그의 시선이 바뀐 것입니다. 그는 이제 이렇게 말할 수 있습니다.

"그분은 바로 나의 친구이고, 나는 주 되신 하나님 곁에 서서 하나님께 내 확신을 드리며 그가 하신 일을 선포하리라."

오늘날 확신을 지니기를 원하는 사람은 다윗이나 아삽처럼 상황에서 벗어나 하나님을 바라고 "주님, 주님밖에는, 나에게 희망이 없습니다"(시 71:5)라고 말할 수 있습니다. 우리는 주님을 향한 시선이 희망을 갖게 하는 유일한 것임을 감히 알 수 있습니다.

"하나님께 가까이 있는 것이 나에게 복이니, 내가 주 하나님을 나의 피난처로 삼고, 주님께서 이루신 모든 일을 전파하렵니다." (시73:28)

1월 11일 QT

"주님께서는 주님의 힘으로, 주님의 능력으로 허리에 띠를 동여매시고 산들이 뿌리를 내리게 하셨습니다." (시65:6)

우리는 종종 하나님의 무한하신 힘을 생각 못 하고 무기력과 환멸 속에 거할 때가 많습니다. 성경 속에는 하나님의 강력한 힘과 권력을 보여주는 예가 많이 있습니다. 그런 예들은 우리에게 힘을 주고 하나님의 권능에 대한 믿음을 갖게 합니다.

어린 목자 다윗은 무장한 블레셋 골리앗에 비하면 열악했습니다. 무장도 안 되어 있고 칼도 없었으며 무릿매와 돌 다섯 개만 가지고 있었습니다. 하지만 하나님의 힘에 대한 그의 신뢰는 상황을 바꾸었고 결국 그에게 승리를 가져다주었습니다.

또 그 이후에는 사울이 다윗을 죽이려는 시도를 멈추지 않았습니다. 십 광야에서 상황은 매우 위험했습니다. 하지만 어떤 순간에도 하나님은 하늘에서 역사하셨던 것입니다.

또 다른 경우 다윗과 그 일행은 아말렉에게 아무런 대책 없이 당할 지경이었습니다. 아말렉들은 그일라로 들어와서는 불을 놓고 이스라엘 부녀와 아이들을 유린했습니다. 전 백성들의 분노가 다윗으로 향했습니다. 그들은 다윗을 돌로 죽이려고 했습니다. 하지만 다윗은 하나님께로 피했습니다. 그에게 다시 힘과 용기가 생겨났습니다.

다윗과 비슷하게 예레미야 선지자도 그런 태도를 보였습니다. 아, 주님, 당신은 위대한 권능으로 오른팔을 펴서 하늘과 땅을 만드셨습니다. 당신에게는 어떤 불가능도 없습니다. 당신의 힘과 권능으로 모든 것 위에 계신 하나님께 우리는 우리의 무능함과 환멸감을 가지고 나아갑니다.

우리는 신뢰를 가지고서 직접 다음과 같이 읊조립니다.

"주님, 당신은 내 삶의 힘이시니 내가 누구를 두려워하겠습니까?"

"주님은 크신 하나님이시요, 모든 신 위에 뛰어나신 하나님이시다. 땅의 깊은 곳도 그 손 안에 있고, 산의 높은 꼭대기도 그의 것이다." (시95:3-4)

1월 12일 QT

"주님께서는 바다의 노호와 파도 소리를 그치게 하시며, 민족들의 소요를 가라앉히셨습니다." (시65:7)

때때로 우리 일상에서는 바다의 폭풍우처럼 그런 난기류가 찾아올 수 있습니다. 동시에 우리의 세상은 심한 위기로 흔들릴 수 있습니다. 계속된 창조물의 파괴, 테러 행위, 결혼이나 가정 파괴, 신종 전염병, 노동시장 위기 등이 그런 것이겠지요.

하지만 이 모든 불안과 두려움 속에서도 다윗은 위기를 극복하는 비밀을 우리에게 보여주고 있습니다. 즉 그는 하나님을 바라보았고, 하나님이 결코 지치지않는 분이라는 것을 인식했습니다. "당신이 바다의 풍랑을 잠잠케 했습니다."

이 하나님이 바로 나의 하나님입니다. 나는 개인적으로 친근하게 똑같이 그에게 말을 걸 수 있을 것입니다.

"당신은 폭풍우를 잠잠케 하십니다." 내 속에서, 나를 위해.

스펄전에게서 우리는 다음의 내용을 읽을 수 있습니다.

"엄청난 물결로 미친 듯이 이는 바다도 하나님은 고요하고도 거울 같은 바다로 변화시킬 수 있습니다. 고요함은 평화의 하나님으로부터 옵니다. 하나님이 오신다면 우리는 어떤 폭풍우도 두려워할 필요가 없습니다. 민족들은 바다 물결처럼 다스리기 힘듭니다. 그 민족들은 불안하고 사나우며 늘 속입니다. 법률조차도 민족들을 연합시킬 수 없습니다. 그들을 통치할 수 없습니다. 하나님만이 모든 백성의 왕이십니다. 바다가 그에게 순종하고 백성들은 하나님께 순종해야 합니다. 질서가 와해되고 잔혹한 무법천지가 횡횡하는 이 시대에 하나님의 자녀들은 바다의 풍랑을 잠재우신 바로 그분에게서 피난처를 찾을 수 있습니다. 어떤 것도 하나님에게는 어려울 게 없습니다."

우리는 폭풍이나 위기에 굴하지 말고 하나님의 손에 거하도록 합시다. 그래서 우리의 기도는 이렇게 되어야 합니다.

"주여, 당신께서 폭풍우를 잠잠케 하소서. 내가 당신을 믿습니다."

"나는 모래로 바다의 경계선을 만들어 놓고 바다가 넘어설 수 없는 영원한 경계선을 그어놓았다. 비록 바닷물이 출렁거려도 그 경계선을 없애지 못하고, 아무리 큰 파도가 몰아쳐도 그 경계선을 넘어설 수가 없다." (렘5:22)

1월 13일 QT

"해 뜨는 곳과 해 지는 곳까지도, 주님께서는 즐거운 노래를 부르게 하십니다."
(시65:8 하)

다윗은 동서 방위를 언급하면서 이 지상의 어떤 곳에서도 하나님께 속한 백성은 즐거워할 수 있음을 보여줍니다. 그런데 우리에게 그것이 어떻게 가능합니까?

우리는 우리를 억누르고 부담을 가지며 또 환멸 느끼게 하는 슬픈 상황들을 매일 경험하고 있지 않습니까?

우리는 항상 같은 자리에서 벗어나지 못하고 우리 삶 속의 죄에 사로잡혀 있으면서 용기를 잃게 됩니다. 우리 삶이 '일기 나쁨 영역'에 있다면 과연 즐거워할 수 있을까요? 그것은 인간적으로는 불가능한 일입니다.

하지만 하나님은 우리를 일으키시려고 합니다. 그래서 다윗은 친근하게 당신 'Du'라는 말을 씁니다. "당신께서 나를 기쁘게 하십니다!"

그의 기쁨의 여유는 하나님과의 교제 속에 뿌리를 두고 있습니다. 하나님은 죄를 사하십니다. 그는 우리가 출구를 찾지 못해 부르짖을 때 우리 소리를 들으십니다. 그는 곤궁에서 벗어나는 길을 아시고 또 우리를 구속에서 자유롭게 하시고 낮게 구부린 자를 일으켜 세우십니다.

그래서 상황이나 환경이 최종의 단어가 아니라, 하나님과의 관계입니다. 예수님을 아는 사람으로서 우리는 다음과 같이 기도할 수 있습니다. '주 예수여, 당신은 나를 기쁘게 하십니다.' 예수님은 제자들에게 말씀하십니다.

"내가 너희에게 이러한 말을 한 것은, 내 기쁨이 너희 안에 있게 하고, 또 너희의 기쁨이 넘치게 하려는 것이다." (요15:11)

그는 기쁨의 근원이신 하나님으로서 우리에게 다가오십니다.

이 기쁨은 즐겁지 않아도 경험할 수 있습니다. 그래서 바울은 로마의 감옥에 있던 시기에도 다음과 같이 쓰고 있습니다.

"주님 안에서 기뻐하십시오. 내가 다시 말합니다. 기뻐하십시오." (빌 4:4)

"한나가 기도로 아뢰었다. 주님께서 나의 마음에 기쁨을 가득 채워주셨습니다. 이제 나는 주님 앞에서 얼굴을 들 수 있습니다. 주님께서 나를 구하셨으므로, 내 기쁨이 큽니다." (삼상2:1)

1월 14일 QT

"주님께서 땅을 돌보시어 땅에 물을 대 주시고, 큰 풍년이 들게 해 주십니다. 하나님께서 손수 놓으신 물길에 물을 가득 채우시고 오곡을 마련해 주시니, 이것은 주님께서 이 땅에 다가 그렇게 준비해 주신 것입니다." (시65:9)

그렇다면 하나님께서 우리의 땅에 어떻게 물을 대주신다는 것입니까?
이사야서의 창조 모습이 이 뜻을 명확히 해 줄 수 있습니다.
"하늘이 땅보다 높듯이 나의 길은 너희의 길보다 높으며, 나의 생각은 너희의 생각보다 높다. 비와 눈이 하늘에서 내려서 땅을 적셔서 싹이 돋아 열매를 맺게 하고, 씨 뿌리는 사람에게 씨앗을 주고, 사람에게 먹거리를 주고 나서야, 그 근원으로 돌아가는 것처럼…." (사55:9~10)
여기서 명확한 것은 우리 개인적인 믿음 생활을 위해 하나님 말씀을 연구하는 것이 얼마나 중요한가입니다. 우리의 영적 성장이 이루어져야 우리 삶의 열매가 생겨날 수 있습니다. 성경을 규칙적으로 읽는 사람은 올바른 근원에 뿌리내린 나무에 비유할 수 있습니다.
"그는 시냇가에 심은 나무가 철따라 열매를 맺으며 그 잎이 시들지 아니함 같으니" (시1:3)
각박한 시대에 우리는 하나님 말씀을 위한 공간을 어떻게 찾을 수 있을까요?
누군가는 실천적 아이디어를 말합니다. 조깅할 때 음악을 듣는 대신 듣기성경 부분을 듣는 것입니다. 두 배의 휘트니스 효과를 얻을 수 있지요. 혹은 주일마다 한 주 동안 지니고 다닌 성경 말씀을 다시 쓰면서 그 뜻을 기억하고 머리에 각인시키는 방법도 있습니다. 혼탁한 우리 시대를 살아가면서 짧은 이 성경 한 단락을 읽고 반복하는 것은 매우 큰 도움이 될 것입니다.

"그 날이 오면 저 아름다운 포도원을 두고, 너희는 이런 노래를 불러라. 나 주는 포도나무를 돌보는 포도원 지기다. 나는 때를 맞추어서 포도나무에 물을 주며, 아무도 포도나무를 해치지 못하도록 밤낮으로 돌본다." (사 27:2~3)

1월 15일 QT

"주님께서 땅을 돌보시어, 땅에 물을 대주시고, 큰 풍년이 들게 해주십니다. 하나님께서 손수 놓으신 물길에, 물을 가득 채우시고, 오곡을 마련해주시니, 이것은, 주님께서 이 땅에다가 그렇게 준비해 주신 것입니다." (시65:9)

　　성경편집자 프란츠 델리취는 하나님을 '메마르지 않는 축복 저장고'로 묘사하고 있습니다. 사도 요한은 결코 끝나지 않는, 영원까지 지속되는 축복의 충전소를 언급합니다. 하나님과의 동거함을 찾는 사람은 이런 유일한 축복 원천과 늘 연결되어 있습니다.
　　종종 예수님을 따르는 일이 한 개인의 자유를 제한하거나 포기해야 하는 것으로 여겨질 수도 있습니다.
　　하지만 주님을 향한 일면성은 크리스천으로서의 삶에 속하며, 따름의 기본 특징은 '충만함'이란 단어로 기술될 수 있습니다. 예수님도 제자들에게 "내가 온 것은 양들이 생명을 얻고 또 넘치게 얻게 하려고 왔다"(요 10:10)고 하시고 있지 않습니까? 주님은 우리에게 넘치는 충만함을 선물하고 싶어 하십니다.
　　프리츠 보이케는 매우 가난한 환경에서 자라나 병환에 시달렸는데, 자신의 인생을 돌아보면서 다음과 같이 기록하고 있습니다.
　　"당신은 나의 삶을 부유하게 하셔서 충만하게 채워주셨습니다. 나의 모든 죄를 사해 주시고 당신의 품에서 쉼을 얻습니다. 나에게 깊고 풍부한 평강과 전기 같은 짜릿한 기쁨을 주셨습니다. 그래서 당신은 가장 아름다운 나의 시와 가장 사랑스런 울림의 찬송이 되십니다. 당신은 나의 인도

자이셔서 당신 손을 꼭 붙들고 이 땅을 지나갑니다. 당신은 나의 모든 것이 되시고 나의 삶과 나의 빛이 되십니다. 주 예수여, 나는 당신을 떠나지 않겠나이다."

"심는 사람에게 심을 씨와 먹을 양식을 공급하여 주시는 하나님께서, 여러분에게도 씨를 마련하여 주시고, 그것을 여러 갑절로 늘려주시고, 여러분의 의의 열매를 증가시켜 주실 것입니다." (고후9:10)

1월 16일 QT

"하나님께서 손수 놓으신 물길에 물을 가득 채우시고 오곡을 마련해 주시니, 이것은 주님께서 이 땅에다가 그렇게 준비해 주신 것입니다." (시65:9하)

우리 자신이 해야 하는 영역에서 모든 것이 잘 되고 성공하기를 바라는 건 자연스러운 현상이지요. 우리는 매사 기꺼이 긍정적인 성과를 이루려 하고 그 열매를 보려고 합니다.

하지만 성장 과정에서 우리의 '종자 씨'는 심하게 방해받습니다. 우리는 미리 알 수 없는 관계의 뒤틀림, 사랑 없는 말, 시기의 상처, 파괴할 만한 비판 등의 위험을 알고 있습니다. 그래서 시작은 좋았으나 종국은 파멸로 치닫게 되는 경우가 많습니다.

이사야도 생애 중 자신이 거의 망가질 뻔한 시점이 있었습니다. 그래서 그는 "내가 일한 것이 헛되었고 내 힘이 무용지물이 되도록 다 갈아 먹었다"고 하면서 하나님이 어떻게 그에게 용기를 주시고 전 국민에게 새로운 미래의 눈을 열어주시는지를 알려주고 싶어 합니다.

하나님의 보호 없이, 그의 섭리와 축복 없이는 우리의 행동은 아무 의미가 없습니다. 바울은 "우리가 이런 일을 할 수 있는 자격을 스스로 타고났다고 생각하지 않습니다. 우리의 자격은 하나님에게서 나옵니다" (고후3:5)라고 하면서 사물의 이면을 비추고 있습니다.

"당신은 이 땅에다 그렇게 준비해 주신 것입니다!"

역경의 상황에서, 그 거친 저항에도 불구하고 하나님이 성장을 허락하신 건 정말 놀랍지 않습니까? 우리의 작은 힘은 조그마한 가지 하나라도 자라게 하지 못합니다. 하나님 자신만이 자신의 공동체 세움에 관여할 수 있다는 것을 우리는 알아야 합니다.

공동체는 사도와 선지자들 위에 세워집니다. 모퉁이 돌 되시는 분이 그리스도이기 때문에, 공동체는 주님 위에서 서로 골격을 갖추어 주 안에서 구조를 갖춰 거룩한 성전으로 자라가는 것입니다. 주님을 통해 여러분은 영적으로 하나님이 거주하는 데까지 함께 지어져 가는 것입니다.

"그렇지만 하나님께서 자기를 드러내지 않으신 것은 아닙니다. 곧 하늘에서 비를 내려주시고, 철을 따라 열매를 맺게 하시고 먹을거리를 주셔서, 여러분의 마음을 기쁨으로 가득 채워 주셨습니다." (행14:17)

1월 17일 QT

"주님께서 또 밭이랑에 물을 넉넉히 대시고, 이랑 끝을 마무르시며, 밭을 단비로 적시며, 움 돋는 새싹에 복을 내려 주십니다. 주님께서 큰 복을 내리시어, 한 해를 이렇듯 영광스럽게 꾸미시니, 주님께서 지나시는 자취마다, 기름이 뚝뚝 떨어집니다. 그 기름이 광야의 목장에도 여울져 흐르고 언덕들도 즐거워합니다. 목장마다 양 떼로 뒤덮이고, 골짜기마다 오곡이 가득하니, 기쁨의 함성이 터져 나오고, 즐거운 노랫소리 그치지 않습니다." (시 65:10~13)

다윗은 밭이랑과 이랑 끝, 단비로 적신 밭에 대해 말하고 있습니다. 습기와 땅고름은 뿌려진 씨앗이 자라기 위해서는 필수적입니다. 우리의 영의 세계도 마찬가지입니다. 하나님은 여러 환경 가운데서 고통스러운 밭이랑을 갈아엎어야 합니다. 땅을 뒤집어 갈아엎어야 작업해야 할 부분이 햇볕으로 나오기 때문입니다.

우리가 주님과 연합한 채 머물러 있다면 아무것도 걱정할 필요가 없습니다. 하나님은 당신 말씀의 씨가 움돋아 우리 삶 속에서 열매를 맺게 하기 위해 당신께서 우리의 마음 밭을 갈아야 한다는 것을 너무나 잘 알고 있습니다.

사울의 예를 생각해봅시다. 고귀하고 모범적인 이 바리새인이 오류를 범합니다. 그는 기독인 박해가 하나님 마음에 드실 거라고 확신을 했습니다. 하지만 예수님이 그의 삶에 등장하면서 사울의 삶은 엄청난 전환점을 맞게 됩니다.

갈라디아서 1장 13절에서 16절까지 읽어봅시다. 하나님의 온유하심이 내 삶에 완전히 구체적으로 어떻게 보이는지를 볼 수 있습니다. 그 온 유함이 사울에게서만큼 극적으로 나타난 경우는 없을 것입니다.

"주님께서 큰 복을 내리시어, 한 해를 이렇듯 영광스럽게 꾸미시니, 주님께서 지나시는 자취마다 기름이 뚝뚝 떨어집니다." (시65:11)

이 말로써 다윗은 정점에 다다릅니다. 여태까지 하나님 하신 일이 각 개 개인에 어떻게 나타났는가를 한 문장으로 요약하고 있습니다. 그는 자신의 하나님을 직접 다시 거론합니다.

"바로 당신이 왕관을 씌우십니다."

시편 65편 마지막 몇 절 부분에서 하나님은 무한한 선하심을 부여하고 계십니다.

하나님 축복의 관은 시편 103편 다윗의 노래에서 찾아볼 수 있습니다.

"내 영혼아, 주님을 찬송하여라. 주님이 베푸신 모든 은혜를 잊지 말아라. 주님은 너의 모든 죄를 용서해 주시는 분, 모든 병을 고쳐주시는 분. 생명을 파멸에서 속량해 주시는 분, 사랑과 자비로 단장하여 주시는 분, 평생을 좋은 것으로 흡족히 채워주시는 분, 네 젊음을 독수리처럼 늘 새롭게 해 주시는 분이시다." (2절~5절)

"하나님, 주님께서 흡족한 비를 내리셔서 주님께서 주신 메마른 땅을 옥토로 만드셨고 주님의 식구들을 거기서 살게 하셨습니다. 하나님, 주님께서 가난한 사람을 생각하셔서, 좋은 것을 예비해 두셨습니다." (시68:9~10)

1월 18일 QT

(어제까지 시편 65편 묵상 끝나고, 오늘부터 28일까지는 마가복음 3장 7절~35절 묵상입니다.)

"예수께서 제자들과 함께 바닷가로 물러가시니, 갈릴리에서 많은 사람들이 따라왔다. 또한 유대와 예루살렘과 이두매와 요단 강 건너편과 그리고 두로와 시돈 근처에도, 많은 사람이 그가 하신 모든 일을 소문으로 듣고, 그에게로 몰려왔다. 예수께서는 무리가 자기에게 밀려드는 혼잡을 피하시려고, 제자들에게 분부하여 작은 배 한 척을 마련하게 하셨다. 그가 많은 사람들을 고쳐 주셨으므로, 온갖 병으로 고통받는 사람들이, 누구나 그에게 손을 대려고 밀려들었기 때문이다. 또 악한 귀신들은 예수를 보기만 하면, 그 앞에 엎드려서 외쳤다. '당신은 하나님의 아들입니다.' 그러면 예수께서는 '나를 세상에 드러내지 말아라' 하고 그들을 엄하게 꾸짖으셨다… 무리가 예수의 주변에 둘러앉아 있다가, 그에게 말하였다. '보십시오, 선생님의 어머니와 동생들과 누이들이 바깥에서 선생님을 찾고 있습니다.' 예수께서 그들에게 대답하였다. '누가 내 어머니이며, 내 형제들이냐?' 그리고 주위에 둘러앉은 사람들을 둘러보시고 말씀하셨다. '보아라, 내 어머니와 내 형제 자매들이다. 누구든지 하나님의 뜻을 행하는 사람이 곧 내 형제요 자매요 어머니다.'"(막 3: 7-12, 32-34)

예수님은 가버나움 회당을 떠나셔서 제자들과 함께 게네사렛 바닷가로 다시 돌아갔습니다. 일부는 예수님과 소송을 진행하기 위해 주님을 떠나갔고, 또 일부는 주님을 뒤따라갔습니다. 모든 세계가 여기 주님 주위로 다 모였습니다. 지도를 볼 때 엄청난 거리인데도 수많은 인파가 몰려들었습니다. 위대한 의사이신 주님을 찾아가기 위해 사람들은 희생을 감수해야 했습니다. 심지어 이방 땅에서조차 사람들이 물밀듯이 몰려왔습니다. 여기서 성경기자는 하나님의 종에 대해 이사야 선지자 말씀이 처음으로 이루어졌음을 말하고 있습니다.

"땅 끝까지 나의 구원이 미치게 하려고 내가 너를 '뭇 민족의 빛'으로 삼았다." (사49:6)

주님은 자신에게 다가오는 자를 내치시지 않고 자신을 갈망하는 자에게 도움을 제공해 주셨습니다. 사람들은 예수님과 그의 치유 사역에 대해 많이 들은 바가 있어 주님의 도우심을 직접 체험하고자 하였습니다. 많은 사람이 주님에게로 왔습니다. 하지만 주님은 사람들과 거리를 두었습니다. 주님은 당신을 편파적으로 이해한 사람들의 생각을 고치려고 했습니다. 치유 받고자 하는 간절한 희망은 주님께서 오신 진정한 목적과는 일치하지 않았기 때문입니다. 사람들이 자신이 원하는 모든 것을 가지면서 자기 영혼이 구원받지 못한다면 무슨 소용이 있겠습니까? 하나님의 의사이신 주님은 우리의 영혼, 즉 우리 내면의 인간에 대한 사역에 일차적이고도 가장 중요한 의미를 두셨습니다. 주님은 영과 혼과 육의 의사 되시고 주인이 되시려고 했습니다.

데살로니가전서 5장 12~24절과 관계가 있습니다.

"평화의 하나님께서 친히, 여러분들을 완전히 거룩하게 해 주시고, 우리 주 예수께서 오실 때에 여러분의 영과 혼과 몸을 흠 없이 완전하게 지켜주시기를 빕니다. 여러분을 부르시는 분은 신실하시니, 이 일을 또한 이룰 것입니다." (살전 5:23~24)

"나는 지친 사람들에게 새 힘을 주고, 굶주려서 허약해진 사람들을 배불리 먹이겠다." (렘31:25)

1월 19일 QT

"예수께서 산에 올라가셔서 원하시는 사람들을 부르시니 그들이 예수께 나왔다. 예수께서 열둘을 세우셨다. 이것은 예수께서 그들을 자기와 함께 있게 하시고, 또 그들을 내보내어서 말씀을 전파하게 하시며 귀신을 쫓아내는 권능을 가지게 하려는 것이었다." (막3:13~15)

마가복음 3장 9절과 12절을 어제 읽고 예수님은 거짓 공동체와는 거리를 둘 수밖에 없었음을 알 수 있습니다. 주님은 또한 하나님의 아들임을 일찍 알릴 필요는 없었습니다.

오늘 이 소절은 진정한 예수 공동체와 그의 이름의 권능 있는 확산에 대해 보고하고 있습니다. 이 두 가지를 위해 주님은 12명을 진정한 메시아 민족의 기본줄기로 선택하셨습니다. 등산을 시작할 때처럼 이 선택은 숨을 앗아가는 일이었습니다. 그것은 구약의 모범, 특히 시나이에서의 하나님이 계시를 내려 이스라엘 민족을 선택하고 확증한 사건을 기억나게 합니다.

"너희들은 모든 민족보다도 나의 소유된 백성이다. 그 이유는 이 온 땅이 내 것이기 때문이다. 그리고 너희들은 나에게 있어 제사장의 왕국이어야 하고 거룩한 백성이 되어야 한다."

예수님의 경우에도 이 선택은 그의 권능의 말씀으로 이루어졌습니다.

"주님은 자신이 원하는 대로 부르셨습니다."

그의 부르심은 신의 권위를 가졌습니다. 여기서 우리는 주님의 주권적 선택에 깔려있는, 주님의 눈에서 나오는 사랑을 잃어버리면 안 됩니다.

부름 받은 12명은 주님의 말을 듣고 그대로 순종하였습니다. 그들은 말 그대로 "모든 것을 버리고 그를 따라갔습니다." 주님의 이 부르심은 각 사람의 마음에 다가가 심령을 움직였습니다. 12명은 주님 가까이 자신의 발걸음을 옮겼습니다.

"하나님은 이제 그들에게 충분히 가치 있는 하나님이었기 때문에, 그들 또한, 정말 이전에 결코 그렇지 못했던, 가치가 충분한 사람이 된 것입니다." (A. Pohl)

우리는 우리 주님의 부르심에 어떻게 하고 있습니까? 누가, 또 무엇이 진정 우리를 움직이고 있습니까?

이사야서 43장 21절("이 백성은, 나를 위하라고 내가 지은 백성이다. 그들이 나를 찬양할 것이다")과 베드로전서 2장 9절을 진지하게 받아들인다면 오늘 우리는 어떤 결단을 해야 하는 것일까요?

"그러나 여러분은 택하심을 받은 족속이요, 왕 같은 제사장들이요, 거룩한 민족이요, 하나님의 소유가 된 백성입니다. 그래서 여러분을 어둠에서 불러내어 자기의 놀라운 빛 가운데로 인도하시는 분의 업적을, 여러분이 선포하는 것입니다." (벧전2:9)

1월 20일 주일 QT

"예수께서 열둘을 세우셨습니다. 이것은 예수께서 그들을 자기와 함께 있게 하시고, 또 그들을 내보내서 말씀을 전하게 하기 위함이었습니다." (막3:14)

헬라어는 12명 제자를 부른 일을 하나님의 창조 행위로 묘사하고 있습니다.

14절을 단어 그대로 직역하면 "그가 12명을 만드셨다"는 말이 됩니다. 하나님께서 태초에 하늘과 땅을 창조하신 것처럼, 예수는 이 시대의 끝에 다시 한 번 특별한 방법으로 창조적 활동을 하십니다. 즉 12명의 제자 모임을 이스라엘 부흥의 기초이자 신약 공동체의 출발점으로 창조하고 계십니다.

기초가 갖추어져야 그 위에서 건축을 기대할 수 있습니다. 몇 년 후에 에베소서 2장 19절에서 22절, 베드로전서 2장 5절에서 예수 공동체를 읽을 수 있습니다. 예수님이 12명 모임에 갑절의 확증을 주셨습니다. 각 기독교 공동체는 시험을 거쳐야 하는데, 그 시초인 12명 모임은 예수님이 그들과 함께 거하고 또 그들을 보내기 위해 직접 만드셨다는 것입니다.

우리가 우선 주님 안에 있고 주님 집에 거하고, 또 주님과 가까이 있는 사람을 찾고 그들을 사랑하고 기뻐하는 것이 예수님에게는 매우 중요했습니다. 왜냐면 그렇게 해야 "당신 곁에 생명의 근원이 있고 당신의 빛 속에서 그 빛을 보기 때문입니다." (시36:10)

'주님 안'에서 우리는 움직일 수 있습니다. 12명 그룹은 선포(전파)로 섬기기 위해 주님께 부름받고 또 권능을 받았습니다. 하나님의 나라는 하나님의 말씀을 통해 지어집니다.

　모든 실천적 봉사는 인도되는 질서에 따른 봉사입니다. 예수님 자신이, 인간이나 인간의 행위가 아닌 하나님과 하나님의 행하심이 인간의 삶과 영향의 중심에 서 있어야 한다는 것입니다. 예수님은 우리가 다른 다양한 봉사를 서로 비판하거나 그것을 평가하기를 원하지 않습니다. 하나님에게 우선권이 있다는 것을 분명히 말씀하고 있습니다!

　"그러나 이제 야곱아, 너를 창조하신 주님께서 말씀하신다. 이스라엘아, 너를 지으신 주님께서 말씀하신다. '내가 너를 속량하였으니, 두려워하지 말아라. 내가 너를 지명하여 불렀으니 너는 나의 것이다.'" (사43:1)

1월 21일 QT

"예수께서 열둘을 임명하셨는데, 그들은 베드로라 이름을 덧붙여주신 시몬과, '천둥의 아들'을 뜻하는 보아너게라는 이름을 덧붙여주신 세베대의 아들들인 야고보와, 그의 동생 요한과, 안드레와, 빌립과, 바돌로매와, 마태와, 도마와, 알패오의 아들 야고보와, 다대오와, 열혈당원 시몬과, 예수를 넘겨준 가룟 유다이다." (막3:16~19)

제자들의 섬김에는 무장이 필요했습니다. 우선 주님은 자기 사람들에게 하나님의 권능을 주었습니다.

"우리의 싸움은 혈육에 대해서가 아니요, 폭력과 권세, 이 어둠의 세상 지배자, 공중의 악한 영의 권세에 대항하는 것입니다. 그래서 이 악한 날에 저항하고 계속 남아 있기 위해 하나님의 전신갑주를 입어야 합니다."

누구도 이런 영적 싸움을 혼자서 할 수 없습니다. 크리스천은 홀로(솔로)가 아닙니다. 한 영국 편집자는 마가복음 3장 16절 이하에 대해 다음과 같이 쓰고 있습니다.

"특이한 점은 크리스천의 믿음은 처음부터 어떤 공동체 안에서 생각되고 유지되었다는 것입니다. 바리새인들의 본질이 이웃과의 분리에서 생겨났다면, 크리스천의 정신은 이웃과의 연결에서 생겨났으며 이웃은 서로를 위해 또 함께 살아가야 할 의무가 있다고 여겨집니다."

예수님이 만드신 한 공동체 안의 사람들이 어떤 이들이었는가를 한 번 생각해 봅시다. 정말 다양한 사람들이었지요. 어떤 이는 보수적인 유다 이름을 가졌는가 하면, 다른 이들은 그리스 현대적 이름을 가지고 있었습니다. 어떤 이들(마태·요한·야고보)은 사는 게 그런대로 괜찮았는가 하면 다른 이들은 좀 부족했습니다. 극단의 경우가 세리와 열혈당원 간의 대조였습니다.

이러한 사람들을 한 그룹으로 부르는 것 자체가 대단한 모험이었습니다. 하지만 크리스천에는 갈릴리 사람이나 유대인이나 차이가 없습니다. 보수인가 진보인가, 어부인가 세리인가, 아님 열혈당원인가, 이런 사람 간의 차이들이 아무런 문제가 되지 않습니다.

어떤 새로운 사실이 여기에 있습니다!

부름 받은 사람들이 예수님에 의해 하나의 공동체를 만들고 그가 믿는 하나님의 축복의 프로그램, 삶의 프로그램으로 결속된다는 것입니다. 그들도 결점이 있고 실수도 합니다.

하지만 그들은 예수님을 사랑하고 주님에 대해 무슨 말을 하려고 하며, 주님에 의해 보내심을 받으려고 합니다. 서로를 위한 좋은 공동체로 충분히 만들 수 있기 위해서는 영적 무장이 어디까지 도움이 되겠습니까?

"그러므로 여러분은 진리의 허리띠로 허리를 동여매고 정의의 가슴막이로 가슴을 가리고 버티어 서십시오. 발에는 평화의 복음을 전할 차비를 하십시오. 이 모든 것에 대하여 믿음의 방패를 손에 드십시오. 그것으로써 여러분은 악한 자가 쏘는 모든 불화살을 막아 꺼버릴 수 있을 것입니다. 그리고 구원의 투구를 받고 성령의 검, 곧 하나님의 말씀을 받으십시오. 온갖 기도와 간구로 언제나 성령 안에서 기도하십시오. 이것을 위하여 늘 깨어서 끝까지 참으면서 모든 성도를 위하여 간구하십시오." (엡6:14~18)

1월 22일 주일 QT

"예수께서 집에 들어가시니, 무리가 다시 모여들어서, 예수의 일행은 음식을 먹을 겨를도 없었다. 예수의 가족들이 예수가 미쳤다는 소문을 듣고서 그를 붙잡으러 나섰다." (막3:20~21)

　　주님은 제자들과 엄청난 봉사의 일상을 보내고 있었습니다. 많은 사람들이 몰려왔던 겁니다. 그들은 주님께 총체적으로 요구했습니다. 주님은 "시계를 쳐다보지 않고" 그들을 섬겼습니다. 자기를 돌보지 않는 헌신적인 사랑으로 주님은 자기 생명을 다른 사람의 생명에 투입시켰습니다. 게다가 주님은 자기가 섬김 받는 게 아니라 다른 사람을 섬기고 자기 목숨까지도 주며, 이전 아담의 본성을 가진 옛 삶에서 벗어나도록 하기 위해 오신 것입니다.
　　여기서 두 개의 세계, 즉 예수님의 새 가족과 이전 가족 간에 충돌이 발생합니다! 주님의 가족들은 주님이 걱정돼서 '그를 잡아다가' 강제로 집에 데리고 가려고 합니다. 그들은 엄청나게 과장된 말로 주님을 데려가고자 합니다. 사람들은 주님이 미쳤으며 종교적 몽상가이고 떠벌이라고 공격합니다. 만약 계속 주님이 이런 일을 한다면 자기 생명을 잃을 거라고 하면서 그 전에 차라리 그를 집으로 데리고 가겠다고 하였습니다.
　　하지만 예수님은 자기의 부르심과 보내심에 충실했습니다. 그는 하나님의 뜻에 완전히 거했고, '그와 함께 있는 자'를 위해서는 단지 한 가지, 즉 그들이 하나님의 뜻을 알고 또 그 뜻에 합당하게 사는 것만이 가치 있다는 것을 알게 해주었습니다.

예수님의 이전 가족은 새로운 가족에 소속되지 않으려 했습니다. 그들은 이전 전통과 올바르다고 생각하는 믿음을 가지고 이웃과 분리하고자 했습니다. 여기에 예수님께서 격렬히 나무랐던 율법의 옛 권위가 서 있습니다. 예수님의 가족들이 좋은 의미로 주님을 염려한 것인지, 혹은 주님을 제거하려는 나쁜 의도를 가졌는지는 알 수 없지만 어쨌거나 그들이 주님을 비방하는 것은 주님이 원하시는 것이 아니었습니다. 그들 모두는 주님과 가까이 있지 않고 하나님 통치 가운데로 들어오지 않았기 때문에 위험 속에 있게 되었습니다. 예수님 때문에 가족과 우정 사이에 균열이 생기게 된 것입니다.

"주님 때문에 내가 욕을 먹고, 내 얼굴이 수치로 덮였습니다. 친척에게 따돌림을 당하고, 어머니의 자녀들에게까지 낯선 사람이 되고 말았습니다. 주님이 전에 쏟은 내 열정이 내 안에서 불처럼 타고 있습니다." (시 69:7~9)

1월 23일 QT

"예루살렘으로 내려온 율법학자들은, 예수가 바알세불이 들렸다고도 하고 또 그가 귀신의 두목의 힘을 빌어 귀신을 쫓아낸다고도 하였다. 그래서 예수께서 그들을 불러놓고 비유로 그들에게 말씀하셨다. '사탄이 어떻게 사탄을 쫓아낼 수 있느냐? 한 나라가 갈라져서 서로 싸우면 그 나라는 버틸 수 없다. 또 한 가정이 갈라져서 싸우면, 그 가정은 버티지 못할 것이다. 사탄이 스스로에게 반란을 일으켜서 갈라지면 버틸 수 없고 끝장이 난다. 먼저 힘센 사람을 묶어 놓지 않고서는, 아무도 그 사람의 집에 들어가서 세간을 털어 갈 수 없다. 묶어 놓은 뒤에야 그 집을 털어 갈 것이다.'" (막3:22~27)

사람들 사이에서 이런 끔찍한 비방이 있다니요! 사탄의 음모를 파괴하기 위해 오신 예수님을 서기관들은 사탄으로 묘사하고 있습니다. 예수님이 악마를 쫓아내는 일로 인해 민중들 사이에선 메시아인지 아닌지 논의되고 있다고 다른 공관복음(마12:22 이하, 눅11:14 이하)에서도 나란히 얘기하고 있습니다. 민중들은 어쨌든 영적으로 책임 있는 자에게서 어떤 방향 잡을 수 있는 도움을 기대했습니다. 하지만 서기관들은 하나님의 기름 부은 자를 제거하고 판결 내릴 건수를 위해 더 나은 정보를 가지고 오려고 합니다.

고발하는 자들에게 있어 주님은 '선한 일을 행하는 악마, 사람들이 조심해야 하는 아주 특이한 악마 같은 사탄'(A. Pohl)으로 여겨집니다. 주님은 이런 기만과 완악함에 두 개의 짧은 비유를 가지고 대처했습니다. (24~26절) 이런 나쁜 저의의 위험이 종국에는 어떤 결말을 생각하게 하는데, 즉 사탄이 사탄을 쫓아낸다면 마침내 그 사탄은 스스로 죽는다는 것입니다.

사탄의 시스템이 작든(집) 크든(국가), 자체적으로 둘로 쪼개어진다면 그 시스템은 멸망할 것입니다. 사탄의 힘이 흔들린다는 것은 강한 사탄을 결박하는, 사탄보다 더 강한 존재가 있기 때문입니다. 더 강한 자가 이제 여기 있는 것입니다. (사49:24~25·53:12·61:1~3)

주님은 사탄의 시험을 저항하며 승리했고, 인간을 사탄의 사슬에서 해방되게 했습니다. 예수님은 "통치자와 폭력을 완전 무장 해제시켰고 모든 세상 앞에 형벌기둥을 설치했습니다. 십자가를 통해서 주님은 그들에 승리를 일구어냈던 겁니다. 주님의 이 영광스러운 승리를 우리는 충분히 찬양하지 못하고 주님을 우리 개인의 삶으로 끌어들이지 못합니다. 예수님은 중독자와 귀신들린 자, 미신에 메인 자 등 어떤 결박된 자도 악의 손에서 해방시켜 주십니다." (G. Maier)

이러한 시험에 저항하기 위해서 골로세서 2:4~15에서 어떤 도움을 발견할 수 있습니다.

"그리스도 안에는 모든 지혜와 지식의 보화가 감추어져 있습니다." (골2:3)

"그리스도 안에 온갖 충만한 신성이 몸이 되어 머물고 계십니다." (골2:9)

"그리고 모든 통치자와 권력자들의 무장을 해제시키시고, 그들을 그리스도의 개선 행진에 포로로 내세우셔서, 뭇 사람의 구경거리로 삼으셨습니다." (골2:15)

1월 24일 주일 QT

"'내가 진정으로 너희에게 말한다. 사람들이 짓는 모든 죄와 그들이 하는 어떤 비방도 용서를 받을 것이다. 그러나 성령을 모독하는 사람은 용서를 받지 못하고 영원한 죄에 매인다. 예수께서 이 말씀을 하신 것은, 사람들이 '그는 악한 귀신이 들렸다' 하고 말하였기 때문이다.'" (막3:28~30)

　진지하게 성경을 읽는 사람이라면 예수님을 향한 이런 혹평에 정말 놀랄 수밖에 없습니다. 주님이 '대장 마귀'로 종교 책임자들에 의해 고발당하는 지경을 맞이했으니까요.
　28절~29절에서 예수님은 이 고발에 대한 입장을 밝힙니다. 그는 이런 비방을 다 받아들였다는 게 특이합니다. 항상 그는 자기 반대자들에게도 몸을 돌려 그들의 말을 들으려고 노력했습니다. 또한 그들과 토론을 하게 됩니다.
　성령 훼방 죄라는 이 어려운 말은, 성경 다른 곳에 나오는 용서받을 수 없는 죄처럼 성령을 분별없이 경솔하게 비방하고 또 성령의 모든 능력을 부정하는 것에 대한 경고라는 의미가 있습니다. 이러한 입장은 정서적으로 민감하거나 까다롭게 파헤치는 사람들에게 불안감을 주입시키기 위한 것이 아닙니다.
　신약성경 전체를 보아도, 용서받을 수 없는 성령 훼방 죄를 구체적인 한 사람에게 적용하지는 않았습니다. 우리 역시 다른 사람을 판단해서는 안 됩니다. 양심이 불안한 사람이라고 해서 어떤 용서받지 못하는 죄를 범한 것은 분명 아니라고 말할 수 있습니다.

여기서 말하는 신성모독은 하나님에 대한 어떤 경외심도 가지고 있지 않은 것, 또 하나님에 대한 모든 궁금증을 배제하고 있는 것을 말합니다. 예수님과 함께 사는 사람은 뭘 자꾸 까다롭게 파헤쳐서는 안 됩니다. 십자가에 못박히고 부활하셔서 승천하신 주님, 모든 권세를 부여받은 주님을 그저 바라보고, 하나님의 은총과 긍휼하심에 대해 왕에 속한 자처럼 감히 즐거워하기만 하면 됩니다. 예수님과 같이 사는 사람은 성령의 선하신 통치를 늘 새롭게 믿으며 자신에게 충격과 주의를 주는 자입니다.

"하나님의 성령을 슬프게 하지 마십시오. 여러분은 성령 안에서 구속의 날을 위하여 인치심을 받았습니다." (엡4:30)

1월 25일 QT

"그때에 예수의 어머니와 동생들이 찾아와 바깥에 서서 사람을 들여보내어 예수를 불렀다. 무리가 예수의 주위에 둘러앉아 있다가 그에게 말하였다. '보십시오, 선생님의 어머니와 동생들과 누이들이 바깥에서 선생님을 찾고 있습니다.' 예수께서 그들에게 대답하셨다. '누가 내 어머니며, 내 형제들이냐?' 그리고 주위에 둘러앉은 사람들을 둘러보시고 말씀하셨다. '보아라, 내 어머니와 형제자매들이다. 누구든지 하나님의 뜻을 행하는 사람이 곧 내 형제요 자매요, 어머니다.'" (막3:31~35)

이 단락은 21절과 22절에 이어지는 부분입니다. 그 사이 예수님의 가족들이 주님을 강제로 집으로 데려가기 위해 왔습니다. 두 개의 세계가 충돌하고 있습니다. 즉 집 밖에는 친척 가족들, 안쪽에는 새롭게 만들어져 믿음에 따라 모인 하나님 가족이 있습니다. 예수님은 어쨌든 양쪽 가족들의 중심입니다. 여기서 주님은 모든 이들을 한 사람 한 사람씩 바라봅니다. 그는 '분노에 차서' 주위를 바라보지 않고 두 가족을 모두 사랑스럽게 초대하듯 바라보고 있습니다. 모두가 다 주님에게는 진심으로 환영받는 사람들입니다.

주님은 각 개개인이 무얼 필요로 하며 무엇이 부족한지 또 어떻게 지내는지 다 아십니다. 주님은 각자 개개인을 사랑하십니다. 예수님 안에서는 하나님이 예레미야 선지자에게 이전 말씀하신 내용을 파악할 수 있습니다.

"나는 영원한 사랑으로 너를 사랑하였고, 한결 같은 사랑을 너에게 베푼다." (예31:3)

예수님은 사람 속에 있는 하나님의 영원한 사랑입니다. 이 사랑 때문에 죄의 자녀에서 벗어나 하나님 자녀로 만들기 위해, 우리에게로 오신 것입니다. 이 사랑 때문에 죄 없으신 자신의 생명을, 죽음의 형벌 속에 앉아 있는 죄의 자식들을 위한 대속물로 바칠 준비가 되어 있었던 것입니다. 그 이유는 주님은 모두를 해방시키길 원하셨고, 새로운 가족 누구도 놓치지 않고 모두를 하나님 아버지 집에서 환대하려고 했습니다. 진정한 예수 가족, 즉 그의 '집'이 아버지 집입니다.

"하나님 아버지 자신이 그의 창조자이며 통치자이십니다. 이 아버지 없이는 형제들도 없고, 그의 선하신 뜻이 일어나지 않는다면 진정한 공동체도 없는 것입니다. 그래서 아버지께서 어떤 형제같은 인간 공동체로 들어오시게 되었습니다. 그런데 이 아버지를 우리 중심에 두기 위해 우리는 예수님을 우리의 중심점으로 필요로 하는 것입니다." (A. Pohl)

예수님이 우리 개인의 삶이나 공동체 삶에서 중심점입니까, 아니면 주변 인물입니까? 이것이 실제 생활 속에 어떻게 나타납니까? 마태복음 10장 32절, 요한복음 13장 1절~8절, 12절~15절, 34절, 35절, 요한일서 3장 16절~24절 말씀이 도움이 될 것입니다.

"누구든지 사람들 앞에서 나를 시인하면, 나도 하늘에 계신 내 아버지 앞에서 그 사람을 시인할 것이다." (마10:32)

"이제 나는 너희에게 새 계명을 준다. 서로 사랑하여라. 내가 너희를 사랑한 것 같이, 너희도 서로 사랑하여라. 너희가 서로 사랑하면 모든 사람이 그것으로써 너희가 내 제자인 줄을 알게 될 것이다." (요13:34~35)

1월 26일 QT

"누구든지 하나님의 뜻을 행하는 사람이 곧 내 형제요 자매요 어머니다." (막 3:35)

'하나님 뜻을 행하는 것'이 크리스천 존재의 알파와 오메가입니다. 물론 경건한 유대인들도 하나님 뜻에 대해 매우 즐겨 말합니다. 그들은 그 뜻을 알고 있고 다른 사람들에게 보여준다는 자부심을 갖고 있습니다. 하지만 하나님의 뜻은 어떤 이들에게는 조금 맞을 수도 있지만 어떤 이들에게는 전혀 안 맞을 수도 있는, 유니폼이 아닙니다.

예수님은 자기 삶과 가르침을 통해 하나님의 뜻을 명확히 했습니다. 그래서 경건한 유대인들은 하나님의 뜻에 대해 예수님과 서로 틀어지게 됩니다. 하나님의 아들이 선하다고 생각하는 것을 반대 적들은 그렇게 악하다고 여겨, 선한 일 행하는 자를 죽음으로 내몰려고 하고 있습니다.

하나님의 뜻을 행하려는 사람은 하나님의 뜻을 밝혀 보여주신 예수님과 성령을 필요로 합니다. 우선 하나님은 그의 뜻을 성경 읽음을 통해, 또 하나님과의 진정한 대화를 통해 보여주십니다. 우리가 읽은 말씀이나 선포된 말씀을 통해 하늘의 아버지를 깊이 알면 알수록, 우리는 그가 무엇을 원하시고 우리가 그의 뜻에 따라 어떻게 살아가야 하는지를 더 잘 이해할 수 있습니다.

"우리는 하나님의 뜻을 구체적으로 하나하나 다 알 수는 없지만, 한 가지 확실한 건 무엇이든 그가 말한 대로 행하는 것입니다." (요2:5)

하나님 뜻을 행하는 데에서 우리가 예수님의 진정한 형제자매인지가 증명이 됩니다.

"주여, 말씀하소서, 우리가 듣겠나이다. 말씀을 듣고 행하지 않는, 말씀을 알기만 하고 사랑하지 않는, 믿기는 해도 순종하지 않는 그런 사람은 되지 말게 하소서. 그래서 말씀하소서, 우리가 듣기를 원합니다. 당신은 영원한 생명의 말씀을 가졌습니다. 우리를 위로하시고 우리를 세우소서!" (T. V. Kempen)

"주님은 나의 하나님이시니 주님의 뜻을 따라 사는 길을 가르쳐 주십시오. 주님의 선하신 영으로 나를 이끄셔서 평탄한 길로 나를 인도하여 주십시오." (시143:10)

1월 27일 QT

"누구든지 하나님의 뜻을 행하는 사람이 곧 내 형제요 자매요 어머니다. 예수께서 다시 바닷가에서 가르치기 시작하셨다. 매우 큰 무리가 모여드니, 예수께서는 배에 오르셔서 바닷쪽에 앉으셨다. 무리는 모두 바닷가 뭍에 있었다." (막3:35, 4:1)

    예수님은 자기 가족들이 그를 다시 나사렛으로 데려가도록 내버려 두지 않았습니다. 그렇다고 해서 예수님의 이러한 태도를 가치 없거나 사랑 없는 것으로 이해해서는 안 됩니다. 그의 가족에게 가졌던 예수님의 사랑을 간과한다면 그건 오해일 것입니다. 주님은 수공업자로서 충분히 오랫동안 식구들을 돌보았습니다. 예수님은 부활 후에도 형제 야고보가 믿음을 갖도록 그에게 나타나셨습니다.

    주님의 이런 사랑이 없었다면 주님의 가족들이 이후 그렇게 충실히 공동체에 봉사할 수 없었을 것입니다. 크리스천으로서 자기 가족을 사랑하지 않으면 예수님을 부를 수 없습니다. 하지만 자기 가족보다 중요한 게 있다면 바로 삼위일체 하나님입니다. (G. Maier)

    예수님의 친척들은 예수님과의 가족 소속감이 하나님 아버지 집에의 소속감을 따라잡을 수 없다는 것을 깨달아야 했습니다. 주님 스스로 "나는 길이요 진리요 생명이니 나를 통하지 않고서는 아버지께로 올 자가 없느니라"라고 말씀하신 것처럼, 주님을 믿는 믿음은 능동적이어야 합니다. 주님은 이 최고의 것을 가족들에게 제공해 주려고 했던 것입니다. 다만 그들이 이 모든 것을 이해하고 받아들이기에는 시간이 좀 더 필요했습니다.

    예수님이 부활하신 후 그의 가족들은 하나님 아들의 살아있는 신앙을 발견합니다. 아버지와 그의 뜻에의 헌신은, 지상의 모든 고통을 통과한다면, 많은 열매를 맺을 것입니다.

"내가 진정으로 진정으로 너희에게 말한다. 밀알 하나가 땅에 떨어져 죽으면 한 알 그대로 있고 죽으면 열매를 많이 맺는다." (요12:24)

1월 28일 QT
(어제까지 마가복음 3장 묵상이 끝나고, 오늘부터는 '에덴 동산에서 새로운 땅까지의 '금 gold'을 추적해 봅니다.)

"강 하나가 에덴에서 흘러 나와서 동산을 적시고 에덴을 지나서는 네 줄기로 갈라져서 네 강을 이루었다. 첫째 강의 이름은 비손인데, 금이 나는 하윌라 온 땅을 돌아서 흘렀다. 그 땅에서 나는 금은 질이 좋았다." (창2:10~12상)

'지상의 금'

금이라는 단어는 상반된 것을 연상하게 합니다. 한편으론 부나 유복함을, 다른 한편으론 욕망과 약탈을 생각나게 합니다. 예술이나 문화, 그리고 골드러시나 몰락을 생각나게 합니다. 허망함, 뇌물, 욕망뿐 아니라 살인이나 강도 짓의 출발도 바로 이 가치 있는 금속 때문일 때도 있습니다.
성경의 창조 부분에 하필이면 금이 언급되는 건 참으로 낯섭니다. 하나님은 인간에게 동식물뿐 아니라 땅 위 보석까지 다스리는 공간을 인간에게 제공해 주신 것입니다. 이걸 토대로 성경 전체에 나타나는 '금의 흔적'을 추적해 봅시다.
우선 아담과 하와로부터 시작합니다. 아담과 하와는 축복받은 자로서, 하나님이 창조하신 이 땅을 "다스리라!"는 분명한 계시를 받게 됩니다. 창조주와 관계 맺지 않는 인간은 창조물에 자신을 맡깁니다. 그들은 자연의 힘을 높이고 나무와 돌 따위에 절을 합니다. 그렇게 되면 태초부터 하나님이 당신이 사랑하는 사람에게 맡긴 창조물을 다스리지 못하고 오히려 창조물에게 다스림을 받게 됩니다. 이 땅을 다스리라는 부탁으로 하나님은 자신의 통치권을 인간의 책임으로 이양시켰는데 말입니다.

"하나님이 말씀하시기를 우리가 우리의 형상을 따라서, 우리 모양대로 사람을 만들자. 그리고 그가, 바다의 고기와 공중의 새와 땅 위에 사는 온갖 들짐승과 땅 위에 기어 다니는 모든 길 짐승을 다스리게 하자 하시고" (창1:26)

이 말씀은 이중 가치를 지닙니다. 인간은 가장 지존하신 분을 이 땅 위에서 섬기면서 삶의 공간을 창조적으로 독자적으로 만들어 가야 한다는 것이고, 또 하나는 창조주와의 연합은 인간을 자유의 공간에 있도록 한다는 것입니다. 즉 인간은 창조물의 종이 아니라 관리자입니다. 식물이나 동물, 또 금 같은 땅의 보물 등, 이 모든 것이 인간의 안녕을 위해 섬겨질 수 있고 또 하나님의 영광에 기여할 수 있습니다.

"주님, 주님께서 손수 만드신 것이 어찌 이리도 많습니까? 이 모든 것을 주님께서 지혜로 만드셨으니, 땅에는 주님 지으신 것으로 가득합니다. 이 모든 피조물이 주님만 바라보며, 때를 따라서 먹이 주시기를 기다립니다. 주님께서 주님의 영을 불어 넣으시면, 그들이 다시 창조됩니다. 주님께서는 땅의 모습을 다시 새롭게 하십니다." (시104: 24, 27, 30)

1월 29일 QT

"그들로 은과 금을 가지고 나오게 하시니, 그 지파 가운데서 비틀거리는 이가 한 사람도 없었다. 그는 그의 백성을 흥겹게 나오게 하시며 그가 뽑으신 백성이 기쁜 노래를 부르며 나오게 하셨다." (시105:37, 43)

황금 입힌 새로운 시작

시편 105편은 출애굽기에서 세 번이나(출 3:21~22·11:2~3·12:35~36) 우리가 눈에 띄게 들은 것을 동시에 요약하고 있습니다. 이스라엘 민족이 이집트 압제에서 해방된 것은 10번의 재앙 후 신속하게 진행되었지만, 아무 생각 없이 이루어진 게 아닙니다. 이 출발은 계획되었고 하나님으로부터 주의 깊게 다루어졌습니다.

'마침내 자유로움'은 이스라엘 백성의 눈에는 충분치 않았습니다. 그들의 노예 봉사는 일종의 대가로 보답받기는 했는데, 이집트인들이 그들이 떠날 때 금은보석과 옷가지를 주었기 때문입니다. 이 보석을 이스라엘 민족은 아마 장식이나 용기 형태로 소유했을 겁니다.

그리하여 이스라엘 백성은 분명히 다음과 같은 생각을 하게 되었을 겁니다. 우선 하나님이 우리를 생각해 주시는구나. 하나님이 미래에도 우리를 지켜주실 거구나. 그 다음, 하나님이 노예봉사 끝에 보물을 체험하게 해 주시구나. 또 하나님은 새로운 시작을 위해 관대한 종자 자금을 제공해 주시구나.

이스라엘 백성은 금을 포함한 새롭게 얻은 소유물을 어떻게 다루고 있는가요? 그들은 이 선물을 가지고 중요한 계획을 세우고 있나요, 아니면 아무런 계획도 세우고 있지 않나요? 신약성서를 보면 하나님이 우리를 전적으로 돌보시고 주님과의 새로운 삶을 위해 비교할 수 없는 종자자본, 즉 하나님의 영과 또 그의 능력을 우리에게 맡기셨다는 말이 나옵니다.

"하나님은 우리에게 이 세상의 영을 주신 것이 아니라 하나님이 우리에게 보내 주신 것을 우리가 알 수 있도록 영을 주신 것입니다."

이 경우 우리가 하나님의 선물을 받아들이는지, 또 무엇을 위해 사용하는지가 결정적 질문이 될 것입니다.

"각 사람은 은사를 받은 대로 하나님의 여러 가지 은혜를 맡은 선한 관리인으로서 서로 봉사하십시오. 말을 하는 사람은 하나님의 말씀을 전파하는 사람답게 하고, 봉사하는 사람은 하나님께서 주시는 힘으로 봉사하는 사람답게 하십시오. 그리하면 하나님이 모든 일에 예수 그리스도로 말미암아 영광을 받으실 것입니다. 영광과 권세가 영원무궁하도록 그에게 있습니다. 아멘." (벧전4:10~11)

1월 30일 QT

"내가 그들 가운데 머물 수 있도록 그들에게 내가 머물 성소를 지으라고 하여라. 내가 너에게 보여주는 모양과 똑같은 모양으로 성막과 거기에서 쓸 모든 기구를 만들어라. 아카시아 나무로, 길이가 두 자 반, 너비가 한 자 반, 높이가 한 자 반 나가는 궤를 만들어라. 순금으로 그 안팎을 입히고, 그 둘레에는 금테를 둘러라. … 순금을 두들겨서 등잔대를 만들어라. 등잔대의 밑받침과 줄기와 등잔과 꽃받침과 꽃을 하나로 이어 놓아라. … 등잔대와 이 모든 기구를 순금 한 달란트로 만들어라."
(출25:8~11, 23~26, 39)

황금 성막

'세상에서 제일 오래된 금'(전시회 이름이기도 하지만)을 불가리아의 한 박물관에서 경이롭게 구경할 수 있습니다. 금으로 만든 약 3,000개의 이 물건들은 불가리아 바르나 Warna의 분묘에서 나온 것들입니다. 이건 BC 4,600-4,300년 사이에 썼던 묘 터에서 발굴되었습니다. 금은 찾기도 쉽지 않고, 어떤 부귀영화를 확실하게 보여줍니다. 또 겉보기에 영원할 것 같은 이미지를 갖고 있기에 금은 많은 문화 속에서 세상과 종교의 힘을 보여 주는데 사용되었습니다.

출애굽기를 읽을 경우, 어떤 심층적 측면에서 이해해야 할 것이 있는데, 종교적 행위를 하는 데에 예배처소나 제사 장소가 중요하지 않다는 겁니다.

하나님은 자기 백성 속에서 살아가기를 원하십니다! 광야를 통해 가는 길에 필요한, 계획된 성소는 '쉬운 건축 방법'이었지만, 귀중하게 만들어졌습니다. 위에 본문의 구절은 금과 관련된 각 부분 중 하나를 선택하여 거명할 수 있습니다. 금의 아름다움과 광채는 여기서 큰 역할을 합니다. 이 둘은 하나님의 아름다움, 정결함, 거룩함을 제시하고 있습니다. 하지만 하나님의 거룩함을 이 지상의 금으로는 다 표현하지 못합니다.

주님은 말씀하십니다.

"내가 거기에서 이스라엘 자손을 만날 것이다. 거기에서 나의 영광을 나타내어 그곳이 거룩한 곳이 되게 하겠다." (출29:43)

하나님의 현존하심은 하나님 집에 자신의 의미를 부여하십니다. 어떤 이가 하나님의 현존을 찾고 자신을 하나님께 향하고자 하면 완전히 특별한 광채가 그 사람의 삶에 나타나게 되는 겁니다. 그런 자들은 곧 하나님께서 자기 힘과 위대함을 그들에게 부여하고 있음을 체험합니다.

하나님은 거룩하시며 자신의 영광의 한 부분을 그의 백성에게 나누어 주십니다. 하나님은 지존하시지만 낮은 자를 굽어보십니다. 하나님은 더없이 위대하시지만 가련한 자들을 영화롭게 도우십니다.

"주님과 같으신 분은 없습니다. 주님처럼 거룩하신 분은 없습니다. 우리 하나님 같은 반석은 없습니다." (삼상2:2)

"지극히 높으신 분, 영원히 살아 계시며 거룩한 이름을 가지신 분께서, 이렇게 말씀하신다. '내가 비록 높고 거룩한 곳에 있으나, 겸손한 사람과도 함께 있고, 잘못을 뉘우치고 회개하는 사람과도 함께 있다. 겸손한 사람과 함께 있으면서 그들에게 용기를 북돋우어 주고, 회개하는 사람과 같이 있으면서 그들의 상한 마음을 아물게 하여 준다.'" (사57:15)

1월 31일 QT

"백성은 모세가 산에서 오랫동안 내려오지 않으니, 아론에게 몰려가서 말하였다. '일어나서, 우리를 인도할 신을 만들어 주십시오. 우리를 이집트 땅에서 올라오게 한 모세라는 사람은 어떻게 되었는지 모르겠습니다.' 아론이 그들에게 말하였다. '여러분의 아내와 아들딸들이 귀에 달고 있는 금 고리들을 빼서, 나에게 가져오시오.' 모든 백성이 저희 귀에 단 금 고리들을 빼서, 아론에게 가져 왔다. 아론이 그들에게서 금붙이들을 받아 녹인 뒤 그 녹인 금을 거푸집에 부어 송아지 상을 만드니, 그 집이 외쳤다. '이스라엘아! 이 신이 너희를 이집트 땅에서 이끌어 낸 너희의 신이다.' 아론은 이것을 보고 그 신상 앞에 제단을 쌓고 '내일 주님의 절기를 지킵시다' 하고 선포하였다. 이튿날 그들은 일찍 일어나서, 번제를 올리고, 화목제를 드렸다. 그런 다음에, 백성은 앉아서 먹고 마시다가, 일어나서 흥청거리며 뛰놀았다." (출32:1~6)

금 송아지

하나님이 만든 금을 우상을 만들고저 사용한다는 건 정말 충격적입니다. 그리고 말씀의 진정한 의미로 볼 때 매우 잘못된 방식으로 사용한 사례이기도 합니다.

오늘날 우리는 인터넷을 통해 금으로 만든 신의 형상물을 쉽고 간단하게 주문할 수 있습니다. 왜 사람들은 그런 선택을 하게 될까요? 우리의 성경 본문은 재미있는 증거를 제시해 줍니다. 하나님은 자기 백성들을 이집트 노예에서 해방해주셨습니다. 모세는 수많은 기적을 하나님의 전능하신 베푸심으로 확인하였습니다.

    그런데 우리는 이스라엘 백성들에게서 이상한 거리감을 관찰할 수 있습니다. 그들은 모세를 '이 사람'으로 묘사하고 그의 이름을 부르지도 않습니다. 이로써 그들은 모세 뒤에 있는 하나님과도 거리를 갖게 됩니다. 이스라엘 백성은 또다시 만족하지 못하고 있습니다. 그들은 모세가 하나님으로부터 하늘의 정보를 가지고 일정 시간 지나 올 때까지의 그 시간을 기다리지 않으려고 합니다. 그들의 기대란 눈으로 볼 수 있는 어떤 신(그들 앞에 나타나는)과 즉각적인 욕구 충족(먹고 마시고 즐기는 것)에 있습니다.

    슬픈 결과는, 이스라엘 백성이 하나님 자체에 대한 욕구를 전혀 가지지 않는다는 것입니다. 그들은 사리사욕을 위해 하나님으로부터 어떤 것을 요구했습니다. 이에 우상이 등장하게 됩니다. 이스라엘 백성들은 이런 생각이 얼마나 부조리한지를 의식하지 못합니다. 그래서 결국 하나님의 출현을 자신들의 형상에 따라 재단하고자 하는 유혹을 받게 됩니다.

    우리가 하나님과 만남 속에서 우리 자신을 생각하고 우리의 좋은 것만 원하는 건 분명 우리 인간 본성에 속하는 일이지요. 하지만 하나님은 그렇게 마음대로 교환할 수 있는 게 아닙니다.

    우리는 성경에서 비극적 결과를 알고 있습니다. 모세의 중보기도를 통해서만 이스라엘 백성들은 은총을 받게 됩니다. 그 이유는, 우리가 이해할 수는 없지만, 하나님은 지상의 우리 모든 사람이 축복받고 자신에게 초대하기를 원하시는 그 길을 예비하시기 원하기 때문입니다.

    주님께서 말씀하십니다.

    "나는 길이다."

2월 1일 QT

"당신들이 배불리 먹으며 좋은 집을 짓고 거기에서 살지라도, 또 당신들의 소와 양이 번성하고, 은과 금이 많아져서 당신들의 재산이 늘어날지라도, 혹시라도 교만한 마음이 생겨서, 당신들을 이집트 땅 종살이하던 집에서 이끌어내신 주 당신들의 하나님을 잊어버리는 일이 없도록 하십시오. … 당신들이 마음속으로 '이 재물은 내 능력과 내 손의 힘으로 모은 것이라'고 생각할 것 같아서 걱정됩니다. 그러나 주 당신들의 하나님이, 당신들의 조상에게 맹세하신 그 언약을 이루시려고 오늘 이렇게 재산을 모으도록 당신들에게 힘을 주셨음을, 당신들은 기억해야 합니다." (신8:12~14, 17~18)

'벌어들인' 금

올림픽 금메달은 92.5%가 은으로 되어있고, 적어도 6g의 금을 입혀야 한답니다. 금메달의 금은 그래서 꼭 필요한 양만큼 존재합니다. 하지만 국가 연주 후 그 메달을 받는 사람은 이제 경력의 정점에 도달하는 거지요. 그의 업적은 인정받고 칭송받습니다. 이건 합당합니다. 왜냐면 이 승리가 있기까지 이 선수는 많은 시간과 힘을 투자했고 자신의 많은 부분을 포기했기 때문입니다.

이스라엘 백성도 광야를 통과하고 약속된 땅에 들어가 건설하기 위해 전 역량을 쏟아야 했습니다. 하지만 이루게 된 평화, 복지, 은금이 정말 자신의 노력으로 달성한 것일까요? 우리 성공도 뒤돌아보면서 우리는 그것을 어떻게 평가합니까?

하나님 말씀은 우리 힘의 원천이 하나님께 있음을 보여줍니다. 우리가 생각하고 행동하는 것, 또 심지어 최고의 활동을 가능하도록 하는 몸까지 가졌다면, 이것은 하나님의 선하심에서 나오는 선물입니다. 이런 사실을 사람들은 깨끗하게 잊기도 합니다. 그래서 "오버 말아라. 잊지 말라"라는 경고를 항상 받습니다.

이에 반해 감사함은 잊지 말아야 합니다.

"그 이유는, 일이든 업적이든, 결혼이든 가족이든, 우리는 이것을 우상처럼 생각하지도 숭배하지도 않기에 우리는 하나님께 감사드릴 수 있습니다. 그것이 육신이건 감성이건, 이성이건 지식이든 간에 그것을 결코 저주하거나 업신여기지 않음에 감사합니다. 그것이 소유이든 재산이든, 시간이든 힘이든 우리 자신을 위해 붙들지 않고 다른 사람과 나누는 것에 감사할 수 있습니다. 또 그것이 삶의 힘이든 건강이든, 그것이 더는 거기 있지 않을 때, 그것을 더 그리워하며 그것 없이 지낼 수 있는 것도 감사할 수 있습니다. 그 이유는 주어진 모든 것은 영원히 그의 하사품이기 때문입니다. 바로 하나님이 그것을 베푸셨으며 우리에게 감사로 영원히 머무십니다. (A. Kuehner)

"내 영혼아, 주님을 찬송하여라. 주님이 베푸신 모든 은혜를 잊지 말아라." (시103:2)

2월 2일 QT

"다윗이 온 회중에게 말하였다. … '또 내가 하나님의 성전을 사모함으로, 내가 성전을 지으려고 준비한 이 모든 것밖에, 나에게 있는 금과 은도 내 하나님의 성전을 짓는 데에 바쳤습니다.' … 그러자 각 가문의 장들과 이스라엘 각 지파의 족장과 천부장과 왕실 업무 관리자들이 기꺼이 바쳤다. … 그들이 기꺼이 주님께 예물을 바쳤으므로, 그들이 이렇게 기꺼이 바치게 된 것을, 백성도 기뻐하고, 다윗 왕도 크게 기뻐하였다." (역상29:1~9)

봉헌된 금

다윗은 하나님을 위해 안정되고 아름다운 성전을 건립하기를 원했습니다. 자신의 궁전이 화려한 것에 비해 하나님 성소가 초라하다면 이건 적절하지 않다고 생각하였습니다.

하지만 하나님이 성소를 지을 계획을 실행하도록 정한 사람은 아들 솔로몬이었습니다. 그렇다고 다윗은 실망한 채로 뒤로 물러나지 않았습니다. 다윗은 오래전부터 성소를 짓기 위한 금 500만 kg을 준비해 왔습니다. 계속 자신의 사적인 재산 15만 kg을 조달하였고 백성들 사이에서 25만 kg을 모금하려고 시도했습니다. 다른 보석은 제하더라도 금만 약 3,780톤이나 되었습니다. 2017년 1년 동안 전 세계에서 나온 것보다 약 700톤이나 더 많은 양이었습니다.

하지만 이것을 아무도 낭비라고 하지 않습니다. 그 대신 우리는 하나님 집을 존중했던 다윗의 마음과, 그 자발적이고 진심 어린 헌물에 대해 들을 수 있습니다. 어쨌든 이러한 기록 달성은 모금의 액수가 중요한 게 아니라 그 행위 하나하나를 하나님이 눈으로 세고 계신다는 것에 의의가 있습니다. 다윗은 여러 가지 소스를 지원함으로써 자기 아들로 하여금 혼자서는 하기 힘들었을 성전 건립을 할 수 있도록 북돋아 줄 수 있었습니다.

오늘까지 하나님의 집에서의 건축은 신약에서는 이것이 공동체의 형상이라 말합니다. (엡2:19~22·벧전2:5) 하지만 말로든, 행동이든, 재정적이든 간에 공동으로 극복해야 하는 하나의 의무 사항인 것입니다.

다윗이 현장에서 보여주는 자발적 헌신, 이것은 우리 성경에서 놀라운 영향, 즉 큰 기쁨을 가지게 합니다.

"온 땅아, 주님께 환호성을 울려라. 기쁨으로 주님을 섬기고, 환호성을 올리면서, 그 앞으로 나아가거라." (시100:1~2)

2월 3일 QT

"주님께서 나에게 친히 일러주신 그 법이, 천만 금은보다 더 귀합니다. … 그러므로 내가 주님의 계명들을, 금보다, 순금보다 더 사랑합니다." (시119:72·127)

금보다 더 그리워함

자연에서는 일반적으로 금이 광물 석영 부분과 혼합된 채로 나옵니다. 순금도는 금 부분이 얼마나 많이 들어가 있는가에 따라 달라집니다. 우리는 정제과정에 따라 99.9% 금이 증명될 때 순금(24캐럿 Karat)이라 말합니다.

시편 119편 기자는 순금을 특히 가치 있는 것으로 옮겨놓는데, 자신의 삶을 위한 법칙의 의미를 "나는 당신의 계명을 금보다, 순금보다 더 사랑한다"고 묘사하고 있습니다.

하나님의 법과, 순금에서 축출된 어떤 선물 사이에서 무엇을 선택해야 한다면 다윗은 분명 하나님의 질서를 선택할 겁니다. 왜 그럴까요?

'율법'이라는 개념을 생각할 때 우리는 우리 일상에서 양분된 관계를 갖습니다. 법은 질서와 안정을 주지만, 종종 불필요한 편협함처럼 느껴지기도 합니다. 하지만 구약에 나오는 믿음의 사람들에게 이 율법은 좋은 소식, 즉 복음을 말합니다.

하나님이 이스라엘을 선택하셨을 때, "만약 너희가 이 계명을 지킨다면, 그런다면 내가 너를 애굽에서 해방시키겠다"는 의미의 조건을 달지 않으셨습니다.

하나님이 먼저 백성들을 자유롭게 하셨고, 그다음에 그 백성들에게 계명을 맡기셨습니다. 율법을 받는 자들은 아무런 사전 행위 없이 영원하고 거룩한 하나님의 언약 파트너가 되었습니다!

율법(지시)은 넓은 의미로 모세 5경의 하나님 전체 계시를 포함하고 있습니다. 하나님은 자신을 자기 백성들에게 알리셨고 당신의 뜻을 전달했습니다. 하나님 말씀은 자신의 관심과 인도, 그리고 그의 사랑의 표현인 것입니다. 이런 하나님께 속하는 것보다 더 큰 특권이나 삶의 행복은 없습니다.

기도하는 다윗은 이러한 하나님을 의식하고 있습니다. 예수 그리스도는 사람으로 되어 오신 하나님의 말씀입니다. 주님의 말씀이 영과 생명입니다.

요한복음 1장 14절, 6장 63절, 5장 24절, 14장 26절, 마태복음 5장 17절과 24장 35절을 읽어보면 아마 시편 기자의 마음과 같아져, "많은 전리품을 들고 나오는 자들이 즐거워하듯이, 나는 주님의 말씀을 즐거워합니다"(시119:162)라는 고백을 할 수 있을 것입니다.

2월 4일 QT

"그들은 왕의 말을 듣고 떠났다. 그런데 동방에서 본 그 별이 그들 앞에 나타나서 그들을 인도해 가다가, 아기가 있는 곳에 이르러서, 그 위에 멈추었다. 그들은 그 별을 보고 무척이나 크게 기뻐하였다. 그들은 그 집에 들어가서, 아기가 그의 어머니 마리아와 함께 있는 것을 보고, 엎드려서 그에게 경배하였다. 그리고 그들의 보물 상자를 열어서, 아기에게 황금과 유향과 몰약을 예물로 드렸다." (마2:9~11)

단순한 금, 그 이상

하나님이 인간이 되셨습니다. 창세 시작처럼 전혀 예상못한 '새 창조 때'(고후5:17)에 금에 대한 말이 나옵니다. 마태복음에서 보고하는 내용은 우리에게 친숙합니다. '금의 궤적'을 독특한 관점에서 바라봄으로써 우리는 몇 가지를 관찰할 수 있습니다.

① 금이란 하나의 선물입니다!
"은도 나의 것이요, 금도 나의 것이다. 나 만군의 주의 말이다"(학2:8)라고 하나님은 학개 선지자를 통해 말씀하십니다.
하지만 하나님의 아들은 금을 보관하고 있는 부유한 소유자는 아닙니다. 오히려 반대입니다. 우리의 가난과 그의 부유함, 이 모든 것을 우리와 나누기 위해, 그는 가난해지신 것입니다.
"여러분은 우리 주 예수 그리스도의 은혜를 알고 있습니다. 그리스도께서는 부요하나, 여러분을 위해서 가난하게 되셨습니다. 그것은 그의 가난

으로 여러분을 부요하게 하시려는 것입니다." (고후8:9)

② 금은 유용한 선물입니다!
마리아와 요셉, 그리고 아기 예수에게 금은 실질적으로 유용했습니다. 금은 그들이 이집트로 피신하여 나사렛으로 돌아오기까지의 기간을 견딜 수 있도록 실질적으로 도움을 주었습니다.

③ 금은 왕의 선물입니다!
보통 이스라엘 사람은 금을 나눌 줄도, 받아들여 계산할 줄도 몰랐습니다. 특히 왕들 사이에 이러한 선물 형태가 만연해있었는데, 솔로몬 왕이나 시바 여왕의 경우가 그러합니다. 베들레헴에서 동방 박사들은 왕의 선물을 드림으로써 그 아이에게 왕의 가치를 부여했고 또 그 아이를 높였습니다.

④ 금은 메시아의 선물입니다!
구약에서 황금, 몰약, 유황은 고대했던 메시아와 관련된 선물에 속합니다. 예수와 함께 구세주가, 구원자가 여기 있습니다. 박사들은 예수님께 홀로 선물만 드린 게 아니라 예수님을 함께 경배했습니다. 이러한 태도로써 그들은 선한 단체 속에 거하게 됩니다. 나 역시 오늘 완전히 의식하며 그의 통치 아래 거하고싶습니다.

2월 5일 QT

"그리고 사람을 겉모양대로 판단하지 않으시고 각 사람의 행위대로 심판하시는 분을 여러분이 아버지라고 부르고 있으니, 여러분은 나그네 삶을 사는 동안 두려운 마음으로 살아가십시오. 여러분은 조상으로부터 물려받은 여러분의 헛된 방식에서 해방되었습니다. 여러분도 아시지만, 그것은 은이나 금과 같이 썩어질 것으로 된 것이 아니라, 흠이 없고 티가 없는 어린 양의 피와 같은 그리스도의 귀한 피로 되었습니다." (벧전1:17~19)

금보다 더 가치 있는

금은 변하지 않는 가치를 지니고 있고, 또 각국의 모든 통화 수단 위에 있으므로 국제적으로 공인된 지불 수단입니다. 따라서 순금으로 만든 동전이나 금봉은 보다 안정된 가치를 가지고 있습니다. 독일에서도 황금 막대는 외화보유고로 도입되어 있습니다.

베드로는 금의 지속적 가치를 부수적 인식 속에서만 판단하고 있습니다. 즉 금을 영원히 지속되지 않고 덧없는 것으로 비판합니다. 그는 하늘이나 땅, 금이나 은, 그리고 이 지상의 모든 보물이 언젠가는 사라진다는 것을 알고 있습니다.

한 인간을 죄와 죽음에서 해방하기 위한 값은 그래서 훨씬 더 나가는 것입니다. 우리는 예수님께서 십자가에 처형당하셨을 때 흘리신 피에 대해 말합니다. 이 대속금이 하나님 눈에서는 유일하게 가치 있는 통화(화폐)입니다.

단지 예수님만이 그렇게 흠 없고 순수하셔서, 자신의 죄를 위한 속죄가 아니라, 단지 우리 생명을 위해 자기 생명을 저울판에 던질 수 있었습니다. 이것이 환호하고 찬송하고 감사할 이유입니다.

다른 성과가 아직 더 있을까요?

"분명히 있다"고 베드로는 대답합니다. 그 이유는 하나님이 우리를 깨끗하게 씻기 위해 그렇게 많은 것을 지불하게 하셨다면, 비록 우리가 이 땅 위에서 죄인으로 남아 있고 용서가 필요하지만, 죄를 경솔하게 다루지 않는 바램이 있어야 하기 때문입니다.

"우리가 하나님과 사귀고 있다고 말하면서 그대로 어두움 속에 살아가면 우리는 거짓말을 하는 것이요, 진리를 행하지 않는 것입니다. 그러나 하나님께서 빛 가운데 계신 것과 같이, 우리가 빛 가운데 살아가면, 우리는 서로 사귐을 가지게 되고, 하나님의 아들 예수의 피가 우리를 모든 죄에서 깨끗하게 해주십니다." (요일1:6~7)

그러기에 베드로는 이런 충고를 하고 있습니다.

"하나님을 두려워하는 맘으로 살아가라."

이 말은 우리가 우리 주 예수 그리스도와 밀접하게 연결되어 있다는 것입니다. 주님만이 우리 삶을 변화시키며 그 삶이 하나님을 경배하게 합니다.

"하나님을 두려워하는 마음으로 살아가라!" (벧전1:17)

2월 6일 QT

"우리 주 예수 그리스도의 하나님 아버지께 찬양을 드립시다. 하나님께서는 그 크신 자비로 우리를 새롭게 태어나게 하셨습니다. 그리하여 그는 죽은 사람들 가운데서 예수 그리스도가 부활하심으로 말미암아 우리에게 산 소망을 갖게 해 주셨으며, 썩지 않고 더러워지지 않고 낡아 없어지지 않는 유산을 물려받게 하셨습니다. 이 유산은 여러분을 위하여 하늘에 간직되어 있습니다. 하나님께서는 여러분들의 믿음을 보시고 그의 능력으로 여러분을 보호해 주시며, 마지막 때에 나타나기로 되어 있는 구원을 얻게 해 주십니다. 그러므로 여러분들이 지금 잠시 동안 여러 가지 시련 속에서 어쩔 수 없이 슬픔을 당하게 되었다 하더라도 기뻐하십시오. 하나님께서는 여러분의 믿음을 단련하셔서, 불로 단련하지만 결코 없어지고 마는 금보다 더 귀할 것이 되게 하시며, 예수 그리스도께서 나타나실 때에 여러분에게 칭찬과 영광과 존귀를 얻게 해 주십니다." (벧전1:3~7)

정제된 금

베드로는 현재와 미래의 영적 관계를 보여주고 있습니다. 현재에는 우선 놀랄 만한 큰 기적이 있습니다. 즉 예수님을 믿음으로서 우리는 다시 태어났고 하나님께 나오는 생명의 힘으로 무장할 수 있다는 겁니다. 미래에 따라올 것은, 만약 우리가 죽는다면 죽음이 우리를 기다리고 있는 게 아니라 하늘의 유산이 우리를 기다리고 있다는 겁니다.

하지만 우리가 여기 지금 겪고 있는 유혹, 힘든 날들의 짐이 여전히 일상 속에 놓여있습니다. 궁핍함으로 꽉 찬 이 현재에 베드로는 어떤 기쁨의 미래 '그리고 나면'을 대치시킵니다. 이 말은 실제로 당한 사람을 어떤 편안한 미래로 위로하려고 하는 건 아닙니다. 오히려 궁핍함이 가득한 길에 새로운 빛을 던져주는 어떤 관계를 보여주고 있습니다. 그리고 게다가 도움이 될만 한, 금 정제에 대한 그림을 제시하고 있습니다. 이 '정제한다'는 표현은 정화과정의 옛 개념이라 할 수 있습니다. 금이 녹는 온도는 1064.18℃입니다. 불순물이나 다른 금속으로부터 순금을 얻기 위해서는 이렇게나 뜨거운 불에 금을 녹여내야 합니다. 믿음의 사람에게도 이러한 청결 과정이 필요합니다. 순금 믿음은 없습니다. 우리 모두의 마음에는 자만, 화해 못함, 이기심, 무관심 등과 같은 불순물들이 섞여 있습니다. 좋은 시간들을 체험하더라도 우리는 그 시간을 우리 삶을 만들기 위한 확인 정도로 이해하지, 그 배후에 얼마나 많은 은혜가 숨어 있는지를 보지 못합니다.

'뜨겁게'와 관련해서, 정제되기 위해 우리 삶에서 무엇을 바쳐야 하는지는 우리 스스로가 깨달아야 합니다. 우리가 간절하게 주님을 원하고 그럴수록 그를 꼭 붙든다면, 우리는 그만큼 주님을 얻게 될 것입니다. 덤으로 '잠시 동안'이란 말 속에 위로를 받을 수 있습니다.

시련은 아무런 계획 없이, 목적 없이, 한없이 생겨나지는 않습니다. 그것은 하나님에 의해 측정되고 종국에는 기쁨으로 바뀌게 됩니다. 이것은 베드로가 약속하는 게 아니라 우리의 주인이신 주님이 약속하십니다.

"모든 은혜를 주시는 하나님, 곧 그리스도 안에서 여러분을 자기의 영원한 영광에 불러들이신 분께서, 잠시 고난을 받은 여러분을 친히 온전하게 하시고, 굳게 세워 주시고, 강하게 하시고, 기초를 튼튼하게 하여 주실 것입니다." (벧전5:10)

"도가니는 은을, 화덕은 금을 단련하지만, 주님께서는 사람의 마음을 단련하신다." (잠17:3)

2월 7일 QT

"예수께서 이들 열둘을 내 보내실 때 그들에게 이렇게 명하셨다. '이방 사람의 길로도 가지 말고 또 사마리아 사람의 고을에도 들어가지 말아라. 오히려 길 잃은 양 떼인 이스라엘 백성에게로 가거라. 다니면서 하늘나라가 가까이 왔다'고 선포하여라. 앓는 사람을 고쳐 주며, 죽은 사람을 살리며, 나병 환자를 깨끗하게 하며, 귀신을 쫓아내어라. 거저 받았으니 거저 주어라. 전대에 금화도 은화도 동전도 넣어 다니지 말아라. 여행용 자루도, 속옷 두 벌도, 신도, 지팡이도, 지니지 말아라. 일꾼이 자기 먹을 것을 얻는 것은 마땅하다." (마10:5~10)

금이나 비축물건 없이

금이나 돈을 처리할 수 있는 사람은 권력을 가지고 있습니다. 그 속에는 엄청난 위험이 놓여있고 이 위험은 크리스천들 앞에도 늘 멈추지 않고 옵니다. 돈이 지배하는 이 세상으로 첫 제자들을 보냄에 있어 특별한 조건이 필요합니다.

우선 그들의 임무가 공식화됩니다. 예수님이 행하신 표적을 동반한 좋은 소식을 선포해야 합니다. 어떤 이득을 취하려는 시각은 배제되어야 합니다.

다른 한편으로 우리가 알아야 할 것은 물질이건 금전 형태든, 어떤 비축 물건도 지니지 말아야 한다는 겁니다. 우선 전대에 돈, 즉 돈주머니를 가지지 말아야 합니다.

그러면 그들은 무엇으로 살아갈 수 있습니까? 사례는 아니지만 감사의 공급은 균형을 맞출 수 있을 것입니다. "그 이유는 일하는 사람은 자기 음식을 먹을 자격이 있기" 때문입니다.

하나님이 보내신 사람들은 하나님의 선물을 계속 나눠주고, 또 선물 받은 사람들은 또 다른 이들에게 선물을 주는 사람이 됩니다. 이것은 축복받은 순환구조입니다.

하지만 그 전체가 너무 위험하게 계획되지는 않았습니까? 이 구조는 전적으로 감사하는 청중들만 염두에 두고 만들어졌을 수 있습니다.

나중에 예수님이 말씀하십니다.

"내가 너희를 돈주머니와 자루와 신발이 없이 내보냈을 때 너희에게 부족한 것이 있더냐? 그들이 대답하였다. 한 번도 없었습니다." (눅22:35)

제자들은 대가 없이 무보수로 일했지만, 아무런 값 없이 신뢰받은 건 아닙니다. 누가복음의 계속되는 내용(눅22:36~38)은 우리를 놀라게 합니다. 물론 하나님이 계속해서 돈과 비축물 없는 제자들을 돌보실 수도 있을 겁니다.

하지만 변화된 상황에서 예수님은 전략을 바꿉니다. 주님의 갑작스러운 죽음 후 제자들이 그를 따른다는 건 위험한 일이 되었습니다. 그래서 그들의 봉사는 이스라엘 국경 너머로 하게 되었고, 그래서 그들은 돈과 자루, 칼을 구비해야 했습니다. 이스라엘 사람들의 기본 구비물인 외투를 포기함으로써 주님은 이 무기에 어떤 특별한 가치를 부여하고 있습니다.

이러한 상징적 의미를 제자들은 아직 파악하지 못하고 있습니다. 바울이 우리를 위해 그 그림을 설명해 주고 있습니다.

"이 모든 것에 더하여 믿음의 방패를 손에 드십시오. … 그리고 구원의 투구를 받고 성령의 검, 곧 하나님의 말씀을 받으십시오." (엡6:16~17)

2월 8일 QT

"부자들은 들으십시오. 여러분에게 닥쳐올 비참한 일들을 생각하고 울며 부르짖으십시오. 여러분의 재물은 썩고, 여러분의 옷들은 좀먹었습니다. 여러분들의 금과 은은 녹이 슬었으니, 그 녹은 장차 여러분을 고발할 증거가 될 것이요, 불과 같이 여러분의 살을 먹을 것입니다. 여러분은 세상 마지막 날에도 재물을 쌓았습니다. 보십시오, 여러분의 밭에서 곡식을 벤 일꾼들에게 주지 않고 가로챈 품삯이 소리를 지르고 있습니다. 그래서 그 일꾼들의 아우성 소리가 전능하신 주님의 귀에 들어갔습니다. 여러분은 이 땅 위에서 사치와 쾌락을 누렸으며, 살육의 날에 마음을 살찌게 하였습니다. 여러분은 의인을 정죄하고 죽였지만, 그는 여러분에게 대항하지 않았습니다." (약5:1~6)

녹슨 금

녹이라는 건 철에 산소와 물이 결합하면서 생겨납니다. 금과 같은 금속은 녹슬지 않습니다. 이걸 좀더 주의 깊게 자세히 들여다봅시다. 게으른 부나 옷에 좀먹는 것이 의식적으로 선택된 어떤 그림 언어라는 인상을 강화시켜줍니다. 비록 부가 안전을 암시하고 금이 확인시켜주지만, 끔찍한 몰락이나 덧없음의 시나리오가 생겨날 수 있습니다.

왜 야고보는 하나님 심판에 대해 그렇게 인정사정없이 말합니까?

우선 우리는 그 동기를 생각해 봅니다. 그는 부자를 향하여 이 사람들이 소유를 다른 사람과 나누지 않고 부를 자신을 위해 축적하고 있다고 말합니다. 그리고 다른 사람 것을 약탈하기 때문입니다. 그리고 올바른 사람을 판단하고 죽이며, 결국 하나님의 적이 되는 것입니다.

　야고보는 이 사람들에게 경고해서 돌이키고 싶어 했습니다. 그래서 그는 거침없이 직설적으로 말하는 것입니다. 그에게는 부자나 그의 부를 근원적으로 비판하는 일이 중요한 게 아니었습니다. 오히려 잘못된 소유 처리를 하나님 빛으로 조명하고 있습니다.

　야고보는 이 상황의 진지함을 '마지막 날들'이라고 암시하면서 이를 강조하고 있습니다. 이로써 성경에는 예수님의 인간 되심과 다시 오심 사이의 시공간이 언급됩니다. 오류 속에 살아가는 부자들은 결코 하나님의 심판을 먼 미래로 옮겨버릴 수 없고, 바로 '오늘' 하나님 음성을 들어야한다고 말합니다. 부에 대한 올바른 관계가 하나님과 이웃에 대한 올바른 관계를 보여줍니다.

　"그대는 이 세상의 부자들에게 명령하여, 교만해지지도 말고, 덧없는 재물에 소망을 두지도 말고, 오직 우리에게 모든 것을 풍성하게 주셔서 즐기게 하시는 하나님께 소망을 두라고 하십시오. 또 선을 행하고, 좋은 일을 많이 하고, 아낌없이 베풀고, 즐겨 나누어 주라고 하십시오. 그렇게 하여 앞날을 위하여 든든한 기초를 스스로 쌓아서, 참된 생명을 얻으라고 하십시오." (딤전 6:17~19)

　이 일이 바로 우리에게서 일어나기를 기도해야겠습니다.

2월 9일 QT

"나를 성령으로 휩싸서 크고 높은 산 위로 데리고 가서, 하늘에서 내려오는 거룩한 도성 예루살렘을 보여주었습니다. 그 도성은 하나님의 영광에 싸였고, 그 빛은 지극히 귀한 보석과 같고, 수정처럼 맑은 벽옥과 같았습니다. … 그 성벽은 벽옥으로 쌓았고, 도성은 맑은 수정과 같은 순금으로 되어 있었습니다. … 또 열두 대문은 열두 진주로 되어 있는데, 그 대문들이 각각 진주 한 개로 되어있었습니다. 도시의 넓은 거리는 맑은 수정과 같은 순금이었습니다." (계21:10~11·18·21)

금으로 된 도시

인간에 대한 하나님의 역사가 끝날 때 새로운 땅에는, 조금 달라진 지상 왕국에는, 황금만을 찾아볼 수 있습니다. 요한은 순금으로 만든 어떤 금으로 된 도시, 즉 새 예루살렘을 봅니다. 하지만 금 자체는 완전히 다른 금이고 새로운 것입니다. 이것은 투명하고 빛나는 순 유리와 비교할 수 있습니다. 이 빛나는 순수함은 보석으로 덧붙여져 있습니다.

자연친화론자들은 지금 아마 깊은숨을 들어 쉴 것입니다. 돌보다 훨씬 더 아름답게 만들었던 나무와 꽃, 초원은 어디에 있느냐고.

그것들은 다른 곳 계시록 21장 1절과 2절에서 언급됩니다. 이 특별한 상징 언어에는 영적으로 강조하는 부분이 있는데, 즉 금으로 된 도시가 위에서부터 온다는 것입니다. 바로 하나님께서 이것을 준비하십니다. 여기는 어떤 더러움도 더는 없습니다. 어떤 것도 더 이상 정결하게 할 필요도, 하나님께 맞추어질 필요가 없습니다.

또 여기는 하나님의 적이나 또 하나님 자신으로부터도 어떤 보호가 더는 필요가 없습니다. 하나님은 더는 창문 없이 어두운, 지극히 거룩한 성전에도 거하지 않으십니다. 지금은 모든 게 훤히 들여다보이듯 밝고 투명합니다. 죄를 지은 후 모든 것을 덮었던, 하나님과 인간의 분리가 마침내 없어집니다.

"앞으로 우리가 어떻게 될지는 아직 밝혀지지 않았습니다만, 그리스도께서 나타나시면, 우리도 그와 같이 되리라 압니다. 그때에 우리가 그를 참 모습대로 뵙게 될 것이기 때문입니다." (요일3:2)

우리가 앞에서 살펴보았던, 창조 때의 첫 번째 금은, 하나님이 자기 영광을 펼치시려는 듯, 쌍방의 귀중함을 보여주듯 빛납니다. 하지만 모든 시대에 사람들은 금을 필요로 했고, 인간은 유감스럽게도 우상숭배를 하면서 금을 잘못 사용하기도 했습니다. 하나님은 자기 백성들과 영원히 함께 하는 '황금 시대'를 가능하게 하기 위해, 모든 값을 치루셨습니다. 우리는 바로 이 목적을 향해 가고 있는 겁니다.

"그리스도 예수 안에서, 하나님께서 위로부터 부르신 그 부르심의 상을 받으려고, 목표를 바라보고 달려가고 있습니다." (빌3:14)

"그러나 우리의 시민권은 하늘에 있습니다. 그곳으로부터 우리는 구주로 오실 주 예수 그리스도를 기다리고 있습니다. 그분은 만물을 복종시킬 수 있는 권능으로, 우리의 비천한 몸을 변화시키셔서, 자기의 영광스러운 몸과 같은 모습이 되게 하실 것입니다." (빌3:20~21)

2월 10일 QT
(지금까지 추적했던 '금'에 관한 내용이 끝나고 오늘부터는 요한계시록 8장과 9장을 다룹니다.)

"그 어린 양이 일곱 번째 봉인을 뗄 때에, 하늘은 약 반시간 동안 고요하였습니다." (계 8:1)

우리는 계시록 6장에서 첫 번째 심판을 살펴보았습니다. 8장과 9장에 두 번째 심판이 기록되어 있는 데 반해, 세 번째 심판은 16장에서 읽을 수 있습니다.

6장에는 먼저 예수 그리스도, 하나님의 어린 양의 오른손에 놓인 두루마리의 여섯 봉인 때는 것이 나옵니다. 주님만이 '두루마리를 펴기에 합당하고 봉인을 뗄 수'(계5:2)가 있습니다. 주님은 역사와 교회의 주인이십니다. 깊은 눈물의 골짜기나 엄청난 곤경에서도 주님은 자기 백성을 위험에 내버려 두지 않고 하나님의 보좌 앞으로 인도하시며, "그들은 다시는 주리지 않고, 목마르지도 않고, 해나 그 밖에 어떤 열도 그들 위에 괴롭게 내려쬐지 않을 것입니다. 보좌 한가운데 계신 어린 양이 그들의 목자가 되셔서, 생명의 샘물로 그들을 인도하실 것이고, 하나님께서 그들의 눈에서 눈물을 말끔히 씻어주실 것입니다." (계7:16~17)

그리고 나서 (8장 1절)에 그 양이 일곱 번째이자 마지막 봉인을 떼는데, 그 순간 놀라운 일이 뒤 따릅니다. 즉 엄청난 정적, 긴 고요함이 지배합니다.

'반 시간'은 우리에게 짧게 보일 수 있으나 그 이전의 일들이 엄청난 밀도와 충족함으로 하나하나 터지는 걸 보면 30분 정적은 상당히 오랜 시간으로 나타납니다.

근데 여기서 멈춥시다. 하늘의 시계는 지상의 것과는 다릅니다. 30분은 상징적 의미를 지닐 수 있습니다. 이것은 '하늘 안'이라는 장소입니다. 이건 '질적 단어'와 관계가 있습니다. 하늘의 고요함은 영원의 정적, 거룩한 '시간'입니다.

하나님 존재에서 특별한 것은 "세상일의 가장 긴급한 일도 어떤 하늘의 고요함과 어떤 하늘의 가장 높은 활동성에서 시작한다는 것입니다." (G. Maier)

놀라운 일은 우리도 역시 모든 일에 앞서 또 모든 일을 할 때 하나님의 평강 가운데서 쉴 수 있다는 겁니다.

"나 주가 거룩한 성전에 있다. 온 땅은 내 앞에서 잠잠하여라." (합2:20)

2월 11일 QT

"그리고 나는 하나님 앞에 서 있는 일곱 천사를 보았습니다. 그들은 나팔을 하나씩 받아 가지고 있었습니다. 또 다른 천사가 와서 금향로를 들고 제단에 섰습니다. 그는 모든 성도의 기도에 향을 더해서 보좌 앞 금 제단에 드리려고 많은 향을 받았습니다. 그래서 향의 연기가 성도들의 기도와 함께 천사의 손으로부터 하나님 앞으로 올라갔습니다." (계8:2~4)

'하나님 앞에 서 있는 일곱 천사'는 하나님 가까이에 서 있습니다. 천사들은 모두 나팔을 들고 있습니다. 마지막 사건이 계속되는 지금 이 순간 나팔이 울릴 때, 이것은 하나님 자신이 여기에 계신다는 것과 그가 자기 손을 움직여 고통스러운 역사를 승리로 이끄는 것을 의미합니다.

요한이 보고 있는 일곱 나팔은 아직 울리지는 않습니다. 3절에서 5절까지 짧은 광경을 보여주는데, 또 다른 천사가 제단에 나타난 것입니다. 주목할 만한 것은 그 천사가 하나님 보좌 앞에 서 있다는 것입니다.

이 '장면'은 성소에서와는 다릅니다. 번제단과 '하나님의 보좌'인 이 언약소는 어떤 휘장에 의해 분리되어 있습니다. 하지만 여기 하늘에는 이런 휘장이 더는 없습니다. 예수님이 십자가에서 죽으심으로 이 휘장은 위에서 아래로 찢어졌습니다. 최고의 거룩한, 즉 하나님께로 가는 길은 매우 친근하게도 자유롭게 열려있습니다.

여기에 대해서는 상징적으로 '거룩한 성도들의 기도'를 뜻하는 향료에 대해 말을 합니다. 이것은 어떤 강제적 방법으로 예수 공동체의 기도가 세계 역사의 과정에 함께 작용한다는 것을 보여주고 있습니다. 하지만 하나님 가까이에 나아가기 전까지 그것은 그 자리에 있지 않고, 많은 자기집착, 뒤바뀜(도착), 거룩하지 않음을 포함하고 있습니다.

"하나님 자녀의 기도에 향료가 덧붙여 행해지지 않는다면 우리의 기도는 이런 권능을 가질 수 없을 겁니다. 우리의 기도에 덧붙여 행하는 결정적인 향료는 자기 제자들을 하나님 앞으로 나아가게 하는 예수님의 기도입니다. 포괄적인 방법으로 많은 기도와 함께, 예수님은 보잘것없는 하나님 자녀의 기도를 도우시고자 오시기 때문에, 그의 공동체는 기도로써 하나님께 나아가고 세계 역사에 관여하는 이러한 특권을 가지게 됩니다." (E. Schnepel)

"그리고 우리에게는 하나님의 집을 다스리시는 위대한 제사장이 계십니다. 그러니 우리는 확고한 믿음을 가지고, 참된 마음으로 하나님께 나아갑시다. 우리는 마음에다 예수의 피를 뿌려서 죄책감에서 벗어나고, 맑은 물로 몸을 깨끗이 씻었습니다. 또 우리에게 약속하신 분은 신실하시니, 우리는 흔들리지 말고, 우리가 고백하는 그 소망을 굳게 지킵시다." (히 10:21~23)

2월 12일 QT

"그 뒤에 그 천사가 향로를 가져다가, 거기에 제단 불을 가득 채워서 땅에 던지니, 천둥과 요란한 소리와 번개와 지진이 일어났습니다." (계8:5)

계시록 8장 5절에는 어떤 반전이 일어납니다. 4절에서는 어떤 상승 움직임, 즉 거룩한 자들의 기도가 하나님 앞으로 올라가 전달됩니다. 5절에서는 에스겔 선지자의 경우와 비슷하게 어떤 하강 움직임이 일어납니다.

하늘의 장면을 생각해봅시다. 의미 있는 침묵 후 하나님은 자녀들의 기도를 듣습니다. 하나님은 그들의 감사, 찬양, 간구, 또 울음과 탄식까지도 듣습니다. 그리고 거룩한 백성들의 기도가 하나님께로 올라가는 바로 그 제단에서부터 그 천사는 금으로 만든 향로를 불로 채워 던집니다.

불! 게다가 천둥과 요란한 소리, 번개와 지진이 일어납니다. 이것들은 하나님 계시와 심판의 그림인 것입니다.

우리가 명심해야 할 게 떨어지는 "불이 실제로 자연 세계의 다양한 영역을 그렇게 황폐하게 만든다고 해서, 이 심판이 하늘에서 떨어지며 불태우는 사물들, 이를테면 순항미사일, 핵폭탄, 산성비, 화산 등과 동일시할만한 그런 사물들로 기술되는 건 아닙니다. 오히려 그것이 강조하는 것은, 전쟁이나 테러, 자연재해를 통해 물질적 세계를 멸하는 그런 황폐화를 통해, 하나님께서 자기 백성을 보살피고 적들을 경고하며 자신의 이러한 독자적인 계획을 궁극적으로 실행하고 있음을 말합니다." (D. E. Johnson)

우리의 임무는 '성령 안에서' 기도하는 것입니다. 그러면 우리는 하나님께 모든 것을 맡길 수 있습니다. 동시에 우리는 고통과 궁핍 속에 있는 사람들을 위해 열린 눈과 열린 가슴, 열린 손이 필요합니다. 가련하고 연약한 것도 필요한 사람에게는 축복일 수가 있습니다. 우리가 얼마나 많은, 또 거창한 일을 행하는가가 중요한 게 아니라 우리가 하나님 뜻 안에서 살아가며 선한 영향을 주는가가 중요합니다.

"내가 보니, 그룹들의 머리 위에 있는 창공 모양의 덮개 위에 청옥과 같은 것이 있는데, 그 모양은 보좌의 형상과 비슷하였다. 그때 주님께서 모시옷을 입은 사람에게 이렇게 말씀하셨다. '너는 그룹들 밑에 있는 저 바퀴들 사이로 들어가서, 숯불을 두 손 가득히 움켜쥐어서, 이 성읍 위에 뿌려라.' 그러자 그 사람은, 내가 보는 앞에서 그곳으로 들어갔다." (겔10:1~2)

2월 13일 QT

"그때 나팔을 하나씩 가진 일곱 천사가 나팔을 불 준비를 하였습니다. 첫째 천사가 나팔을 부니, 우박과 불이 피에 섞여서 땅에 떨어졌습니다. 그래서 땅의 3분의 1이 타버리고, 나무의 3분의 1이 타버리고, 푸른 풀이 다 타버렸습니다. 둘째 천사가 나팔을 부니, 불타는 큰 산과 같은 것이 바다에 던져졌습니다. 그래서 바다의 삼분지 일이 피가 되고, 바다에 사는, 생명이 있는 피조물들의 3분의 1이 죽고, 배들의 3분의 1이 부서졌습니다." (계8:6~9)

천사가 나팔을 불어서 하나님의 심판을 행하기를 '준비할 때' 이것은 온전히 하나님의 뜻에 따라 일어납니다. 그래서 여기에는 악한 복수의 천사는 등장하지 않고 하나님의 종들이 등장합니다. "주님의 말씀을 듣고 따르는, 힘찬 용사들"(시103:20)인 것입니다.

첫 번째 나팔심판은 우박과 불인데, 땅과 나무의 3분의 1이 타버렸습니다.

'모든 푸른 풀'이 불에 희생되었지만(모든 것이 다 파괴될 때도 해당합니다) 우리가 기억하는 이집트의 심판 재앙처럼 그 심판은 제한적이었습니다. 삼과 보리는 피해입었으나 뒤늦게 익는 밀과 쌀보리는 그 재앙을 살아 넘길 수 있었습니다. (출9:31~32)

또 이스라엘 백성이 살았던 고센 땅은 우박 폭풍에서도 무사할 수 있었습니다. 하나님은 자기 선하심으로 항상 수단과 방법을 보유하고 계시고 도울 준비가 되어있습니다.

"그대는 하나님의 선하심과 오래 참으심의 부요함을 알지 못합니까? 하나님의 선하심이 당신을 돌이키도록 인도하심을 모르십니까?"

두 번째 나팔심판도 이집트에서의 이스라엘 시기를 생각나게 합니다. 나일강 물이 피로 변해 강의 모든 물고기가 죽었던 첫 번째 재앙을 생각나게 합니다.

계시록 본문에서의 유발인자는 바다로 던져진 '불타는 거대한 산'이었습니다. 사도 요한이 주후 79년에 관찰할 수 있었던 베수스 폭발같이 그런 화산폭발이라도 생각했을까요?

하지만 분명한 것은 여기서 요한은 계시록의 다른 곳에서처럼 상징 같은 것을 억지로 의미풀이 하려고 하지 않았습니다.

거기엔 요한이 우리의 모범입니다. 성경 자체가 말하는 것 그 이상을 우리는 발설해서는 안 됩니다. 이건 하나님 없는 바벨, 즉 '멸망의 산'에 대한 하나님의 심판 말씀에 해당하기 때문입니다.

2월 14일 QT

"셋째 천사가 나팔을 부니, 큰 별 하나가 횃불처럼 타면서 하늘에서 떨어져서, 강들의 삼분지 일과 샘물들 위에 덮쳤습니다. 그 별의 이름은 '쑥'이라고 합니다. 그래서 물의 삼분지 일이 쑥이 되고, 많은 사람이 그 물을 마시고 죽었습니다. 그 물이 쓴 물로 변하였기 때문입니다. 넷째 천사가 나팔을 부니, 해의 삼분지 일과 별들의 삼분지 일이 타격을 입어서, 그것들의 삼분지 일이 어두워지고, 낮의 삼분지 일이 빛을 잃고, 밤도 역시 그렇게 되었습니다." (계8:10~12)

첫 번째와 두 번째 나팔심판이 '땅'과 '바다'에 있었다면, 세 번째 심판은 강들과 샘물을 타깃으로 합니다. 우주적 파국을 통해, 상징적으로 말해지는, 지상으로 떨어지는 불타는 '큰' 별로 인해, 물의 삼분지 일이 오염되고 독이 들어 있어 많은 사람을 죽게 만듭니다.

여기서는 운명이 아니라 죄가 문제가 됩니다. 별의 상징은 그것을 암시합니다. 성경의 그림언어에서 별은 살아있는 형상물을 말합니다. 이것은 모든 종류의 인간이라고도 할 수 있습니다. 서로 악한 일, 정말 나쁜 일을 행하거나 '쑥'처럼 쓴 '물질'을 거둬들이는 것입니다.

하지만 쓰다는 것이 최종적인 것이 될 수도, 되어서도 안 됩니다. 이것은 극복될 수 있고, 그래서 우리는 "주님께서 이 몸을 멸망의 구렁에서 건져주시고, 주님께서 저의 모든 죄를 용서하십니다"(사38:17)라고 고백할 수 있을 겁니다.

네 번째 나팔심판은 천체가 그 타깃입니다. 빛의 위력의 삼분지 일이 어두움 속에 떨어집니다. 태양이 3분의 2 시간만 비친다면 농업이나 경제, 또 사람에게 어떤 결과를 불러올까요? 과일이나 곡식은 거의 충분히 익지 못할 겁니다. 태양력으로 나오는 많은 부분으로 얻을 수 있는 전력 발전기가 다 망가져버립니다.

무엇보다 몇 시간 동안의 어두움은 끔찍하게도 하나님의 심판을 제시해 주고 있습니다. 이집트인들은 이스라엘과는 반대로 그것을 어떻게 체험하는가요?

출애굽기 10장 21~23을 읽어봅시다.

삼일 밤낮 어두운 밤만 계속됩니다! 얼마나 많은 근심이 마음을 짓누르고 있습니까. 이처럼 긴 어두운 밤 동안 얼마나 많이 울게 될까요!

그 외에도 대비되는 게 있다면 이 기쁨입니다.

"하지만 이스라엘 모든 아들들은 그들의 거주에 빛을 가집니다."

하나님은 이처럼 돌보아 주십니다!

"모세가 하늘에다 그의 팔을 내미니, 이집트 온 땅에 사흘 동안 짙은 어둠이 내렸다. 사흘 동안 사람들은 서로 볼 수도 없었고, 제 자리를 뜰 수도 없었다. 그러나 이스라엘 자손이 사는 곳에는 어디에나 빛이 있었다." (출10:22~23)

2월 15일 QT

"그리고 내가 보고 들으니, 날아가는 독수리 한 마리가 하늘 한가운데로 날면서, 큰 소리로 외쳤습니다. '화가 있다. 화가 있다. 땅 위에 사는 사람들에게 화가 있다. 아직도 세 천사가 불어야 할 나팔 소리가 아직 있다.' 다섯 번째 천사가 나팔을 불었습니다. 내가 보니, 하늘에서 땅에 떨어진 별이 하나 있는데, 그 별은 아비소스('밑바닥이 없는 깊은 곳'을 일컫는 그리스어)를 여는 열쇠를 받았습니다. 그 별이 아비소스를 여니, 거기에서 큰 용광로의 연기와 같은 연기가 올라왔습니다. 그래서 해와 하늘이 그 구덩이에서 나온 연기 때문에 어두워졌습니다. 그리고 그 연기 속에서 메뚜기들이 나와서 땅에 퍼졌습니다. 그것들은, 땅에 있는 전갈이 가진 것과 같은 권세를 받아 가지고 있었습니다. 그것들은, 땅에 있는 풀이나 푸성귀나 나무는 하나도 해하지 말고, 이마에 하나님의 도장이 찍히지 않은 사람만을 해하라는 명령을 받았습니다. 그러나 그들에게는, 사람들을 죽이지는 말고, 다섯 달 동안 괴롭게만 하라는 허락이 내렸습니다. 그것들이 주는 고통은 마치 전갈이 사람을 쏠 때와 같은 고통이었습니다." (계8:13~9:5)

하늘의 가장 높은 정점을 나는 독수리가 하나님 곁에, 신의 권능을 갖춘 사람들과 함께 높은 곳에 앉아있습니다. 그곳에서부터 세상에 도달할 수 있는, 엄청 높은 강단에서 독수리는 전 인류에게 세 번의 '저주'를 알립니다. 한 번도 아니고 세 번이나, 이 독수리는 자신의 심부름에 높은 인상을 주기 위해 이 '저주'를 외칩니다.

이때 대기는 불안에 휩싸입니다. 그 이유는 지금부터 인간 주변보다 인간 자신들에 심판이 떨어지기 때문입니다. 현재의 궁핍함은 벌써 격렬

해져, 환란을 주고, 압박하고 부담을 줍니다. 이보다 더 가련한 것이 나올 수 있을까요? 모든 것에 주 예수 그리스도의 말씀이 오늘과 그리고 내일에도 유효합니다. "네 안에 화평을 가져라. 세상에서 너희는 불안하나, 평안하라. 내가 세상을 이기었노라." (요16:33) 궁핍과 불안으로 가득한 시간은 끝이 없을 겁니다. 하지만 심판의 시간은 아직 끝나지 않았습니다. 예언자 요한은 '지상으로 떨어지는' 별(어떤 인격체)을 봅니다. 우리가 예수님의 말씀을 끌어오면 더 명백히 볼 수 있습니다.

"사탄이 하늘에서 번갯불처럼 떨어지는 것을 내가 보았다." (눅10:18)

이런 힘의 영역에 아비소스도 분명 속합니다. 그는 '이 아비소스의 수렁을 여는 열쇠'를 하나님으로부터 넘겨받았습니다.

그래서 사탄은 악령의 공간을 열 수 있고 어려운 재앙이 닥치게 합니다. 성경 본문에는 연기에 대한 말이 있는데, 그곳에서 거대한 메뚜기가 올라옵니다. 실재 재앙을 보면(출10:12~15) 메뚜기는 적의 세력, 멸망시키는 것, 하나님의 심판의 상징으로 여겨졌습니다.(이것은 렘51:27·사33:4·요엘1:4을 보십시오!)

인간은 '다섯 달 동안 고통당하지만', 죽지는 않습니다. 마지막 순간에 하나님께로 돌아올 가능성을 그들은 갖고 있기 때문입니다. 그들은 이 기회를 사용할까요? 요나서 3:1~10을 읽어보십시오.

"사람이든 짐승이든 모두 굵은 베 옷만을 걸치고, 하나님께 힘껏 부르짖어라. 저마다 자기가 가던 나쁜 길에서 돌이키고, 힘이 있다고 휘두르던 폭력을 그쳐라. 하나님께서 마음을 돌리고 노여움을 푸실지 누가 아느냐? 그러면 우리가 멸망하지 않을 수도 있다." (욘3:8~9)

2월 16일 QT

"그것들은, 땅에 있는 전갈이 가진 것과 같은 권세를 받아 가지고 있었습니다. 그것들은, 땅에 있는 풀이나 푸성귀나 나무는 하나도 해하지 말고, 이마에 하나님의 도장이 찍히지 않은 사람만을 해하라는 명령을 받았습니다. 그러나 그들에게는 사람들을 죽이지는 말고, 다섯 달 동안 괴롭게만 하라는 허락이 내렸습니다. 그것들이 주는 고통은 마치 전갈이 사람을 쏠 때와 같은 고통이었습니다. 그 기간에는 그 사람들이 죽으려고 애써도 죽지 못하고, 죽기를 원해도 죽음이 그들을 피하여 달아날 것입니다. 그 메뚜기들의 모양은 전투채비를 한 말들과 같고, 머리에는 금 면류관과 같은 것을 쓰고, 그 얼굴은 사람의 얼굴과 같았습니다. 그리고 그것들은, 여자의 머리털 같은 머리털이 있고, 이빨은 사자의 이빨과 같고, 쇠로 된 가슴막이와 같은 가슴막이를 두르고, 그 날개 소리는 마치 전쟁터로 내닫는 많은 말이 끄는 병거 소리와 같았습니다. 그것들은 전갈과 같은 꼬리와 침이 달려있었는데, 그 꼬리에는 다섯 달 동안 사람을 해할 수 있는 권세가 있었습니다. 그것들은 아비소스의 사자를 자기들의 왕으로 떠받들었는데, 그 이름은 히브리말로는 아바돈(파멸)이요, 그리스 말로는 아볼루온(파괴자)입니다. 첫째 재앙이 지나갔습니다. 그러나 아직도 두 가지 재앙이 더 닥쳐올 것입니다." (계9:3하~12)

    오늘날까지 메뚜기는 들판에 가장 치명타를 입히는 존재로 여겨져 왔고, 현대에 화학 및 바이오 박멸수단 설치에도 불구하고 전 세계적으로 수확물들을 멸종시킵니다.
    자연을 민둥머리로 만드는 메뚜기가 있는가 하면, 영혼을 다 갉아먹는 메뚜기가 있습니다. 그것들은 인간의 내적 세계를 황폐화시키고 희망과 삶의 기쁨을 삼켜버립니다.

그 당시 이집트 메뚜기가 하늘을 어둡게 했듯이 '아비소스'에서 나오는 메뚜기들은 인간의 사고 및 감정 세계를 어둡게 만들어 버렸습니다. 악마의 작용 때문에 사고가 오염된 것이 문제입니다. 우리는 어떤 사상(예를 들면 좌우극단주의) 혹은 젠더 주류(성차별 철폐)의 개입 등으로 얼마나 큰 혼란을 이미 경험하고 있지 않습니까? 우리는 사람들을 불안과 희망 상실로 몰아가는 수많은 엉터리 같은 소문을 생각할 수 있습니다. 사도 요한은 이 메뚜기의 우두머리를 '아비소스의 천사', 즉 멸하는 자(히브리어로 Abaddon, 헬라어로 Appollyon)로 그리고 있습니다. 이로써 이 우두머리의 존재가 드러납니다. 이놈은 엄청난 영향력을 가지고 있고 대단한 작용을 하는 악한 지능의 소유자로 그려집니다. 사탄은 유능한 사기꾼입니다. 그 이유는 사탄은 거짓말을 꾸며내는 거짓말의 원조이기 때문입니다.

우리는 창세기 3:1~7에서 진리와 거짓을 혼합시키는 사탄의 계략을 관찰하면서, 하와와 그녀의 남편 아담이 사탄과 그의 거짓에 맞설 수 있었다면 어떻게 되었겠는가를 생각해 볼 수 있습니다. 또 이로써 하나님에 대한 사랑과 하나님 말씀이 어떻게 승리를 가질 수 있는가를 생각해 봅니다.

예수님 자신이 '처음부터 인간 살인자'에게서 극도로 위협적인 경험을 했습니다. 누가복음4:1~13에 우리는 주님에 대한 사악한 공격과 또 주님이 이 적에 어떻게 승리하며 극복하는지를 알 수 있습니다. 예수님과의 교제 속에서 우리도 승리자가 됩니다. 그것에 대해 오늘 많은 부분(고전15:57, 요일5:1~4)을 볼 수 있습니다.

"그러나 우리 주 예수 그리스도를 통하여 우리에게 승리를 주시는 하나님께 우리는 감사를 드립니다." (고전15:57)

"하나님에게서 태어난 사람은 다 세상을 이기기 때문입니다. 세상을 이긴 승리는 이것이니, 곧 우리의 믿음입니다." (요일5:4)

2월 17일 QT

"여섯째 천사가 나팔을 불었습니다. 나는 하나님 앞에 있는 금제단의 네 뿔에서 울려 나오는 음성을 들었습니다. 그것은 나팔을 가진 여섯째 천사에게 '큰 강 유프라테스에 매여 있는 네 천사를 풀어놓아 주어라'하는 음성이었습니다. 그래서 그 네 천사가 풀려났습니다. 그들은 사람의 삼분지 일을 죽이기 위하여, 그해, 그 달, 그날, 그때 맞추어 예비 된 이들입니다. 내가 들은 바로는 그 천사들이 거느린 기마대의 수는 이억이나 된다는 것입니다. 나는 이러한 환상 가운데서 말들과 그 위에 탄 사람들을 보았는데, 사람들은 화홍색과 청색과 유황색 가슴막이를 둘렀고, 말들은 머리가 사자의 머리 같으며, 입에는 불과 연기와 유황을 내뿜고 있었습니다. 그 입에서 나오는 불과 연기와 유황, 이 세 가지 재앙으로 사람의 삼분지 일이 죽임을 당하였습니다. 그 말들의 힘은 입과 꼬리에 있는데, 꼬리는 뱀과 같고, 또 꼬리에 머리가 달려 있어서, 그 머리로 사람을 해쳤습니다." (계 9:13~19)

인간에 대한 심한 공격이 시작되기 전, 다시 한번 확정해야 할 부분이 있는데, 명령의 권세가 하나님 손에만 있다는 겁니다. 악마의 힘은 자유롭게 작동되지 못하고 궁극적으로 하나님의 작업이 숙성되어가는 데 기여 한다는 것입니다. 매어있던 하나님과 원수 된 네 명의 천사들을 풀어 놓으라는 명령은, 공동체 기도가 보관된 황금 제단으로부터 나왔습니다.

세계사의 마지막 시공간, 즉 하나님 일의 숙성과 예수 공동체의 기도 간에 보이지 않는 연합이 있습니다. 그리고 이 모든 것이 하나님의 시간 계획에 따라 정확히 '그 시간, 그날, 그달, 그해'에 일어납니다.

풀려난 네 명의 천사가 맡은 일은 '인간의 삼분지 일'에 놀라운 죽음의 고통을 가져다주는 것입니다. 즉 이방인이든 크리스천이든 모두 죽게 하는 것입니다.

하지만 재앙은 끔찍하지만, '삼분지 일'이라는 보존 경계가 그어져 있습니다.

시편의 오랜 기도의 확신 즉 "바다의 큰 물결이 소리를 지릅니다 … 하지만 높이 계신 주님이 더 위대하십니다. 이와같이 여기 새로운 것에 넘쳐납니다. 하나님이 놀란 모든 사람 위에서, 또 한 가운데서 여전히 통치하고 계십니다." (G. Maier)

하지만 가장 끔찍한 일은, 죽지 않은 사람들이 진실 되고 살아 계시는 하나님께로 향하지 않는다는 것입니다. 기상신호처럼 주님께로 향하고 아침부터 저녁까지 밤낮으로 주님을 신뢰하는 일은 어렵습니다. 그들은 그들의 삶에서 온전히 진실 되고 살아있는 하나님을 섬기지 못하고, 내밀한 우상숭배 행위와 악한 말들, 하나님 없는 행동에서 자신을 분리시키지 못합니다.

하지만 자기 옛 삶을 떠나 예수님을 첫 자리에 앉히고 한 걸음 한 걸음 주님을 쫓아가는 사람은 큰 기쁨을 경험할 겁니다.

"인자는 잃은 자를 찾아 구원하러 왔다." (눅19:10)

"그러므로 땅에 속한 지체의 일들, 곧 음행과 더러움과 정욕과 악한 욕망과 탐욕을 죽이십시오. 탐욕은 우상숭배입니다." (골3:5)

2월 18일 QT

"이런 재앙에서 죽지 않고 살아남은 사람이 자기 손으로 한 일들을 회개하지 않고, 오히려 귀신들에게나, 또 보거나 듣거나 걸어 다니지 못하는, 금이나 은이나 구리나 돌이나 나무로 만든 우상들에게, 절하기를 그치지 않았습니다. 그들은 또한 살인과 점치는 일과 음행과 도둑질을 회개하지 않았습니다." (계9:20~21)

끔찍한 악마의 권세의 희생물이 되지 않기 위해 사람들은 어떻게 반응합니까? 그들은 하나님께 그의 놀라운 수호에 감사합니까? 그들은 하나님께 '주인 중의 주인이시오, 왕 중의 왕'이라고 찬양합니까? 그들의 행위나 행함으로 그를 높입니까? 대답은 "아닙니다"입니다.

그들의 삶에 그러한 것이 보입니까? 그들은 '자신들이 손으로 만든 작품'을 향합니다. 그들은 하나님의 뜻을 묻지 않고 자기 스스로 그들 생각이나 행동의 척도로 삼습니다. 이때 물론 자신을 하나님께로 돌이킬 수 있는 가능성은 가지고 있습니다. 여전히 타이밍이 늦은 것도 아닙니다.

하지만 이건 '너무 늦을 수도' 있습니다. 시점은 하나님만이 아십니다. 오늘이나 내일일 수 있습니다. 그래서 지금이 주님 마음에 들지 않는 모든 것에서 돌이켜 주님께 향하고, 주님을 삶으로 경외하는 최적의 시점인 것입니다. (히3:7~8·고후6:2하)

"하나님으로부터 비롯된 삶이 지배하는 곳에는 사람들이 서로 살인하지 않습니다. 경제적으로도 마찬가지입니다. 거기는 서로 독을 섞지 않고 끔찍한 성적 타락의 홍수에 함몰되지도 않습니다. 거기는 다른 사람을 속이지도 않습니다. 하나님으로부터 비롯된 삶이 지배하는 곳에는 서로 사랑하고 섬기며 치유하는 곳이지 흩어버리고 살인하는 곳이 아닙니다. 인류가 하나님의 부르심을 다시 거부하기 때문에, 악한 세력이 여태까지 없었던, 방대한 영향력을 이 땅에서 행세합니다. 양심의 법(의무)은 모조리 파괴됩니다. 이 세상은 파국으로 치닫습니다." (E. Schnepel)

- 오늘날 행하는 것, 모든 일이나 휴식 때, 물건 구입이나 운동, 놀이할 때에도 주님을 바라보는 것이 좋습니다. 주님의 사랑, 주님의 능력, 그의 충실함과 인내를 기뻐하고 그에게 진심으로 감사하는 것이 좋습니다. 오늘, 내일, 그리고 영원히 말입니다. (이와 관련해서 시 105:1~5·107:1~2 읽어보십시오.)

"그래서 사람들은 몹시 뜨거운 열에 탔습니다. 그러나 그들은 이 재앙을 지배하는 권세를 가지신 하나님의 이름을 모독하였고, 회개하지 않았고, 하나님께 영광을 돌리지 않았습니다." (계16:9)

"그런데도 예루살렘 백성은, 왜 늘 떠나가기만 하고, 거짓된 것에 사로잡혀서 돌아오기를 거절하느냐?" (렘8:5)

"주님께서 이루신 놀라운 일들을 기억하라. 그 이적을 기억하고, 내리신 판단을 생각하여라." (시105:5)

"주님께 감사드려라. 그는 선하시며, 그 인자하심이 영원하다." (시107:1)

2월 19일 QT
(지금까지 요한계시록 8장과 9장을 묵상했다면, 오늘부터 3월 4일까지 사도행전 25장과 26장을 QT 합니다.)

"두 해가 지난 뒤에, 보르기오 베스도가 벨릭스의 후임으로 직책을 맡게 되었다. 그런데 벨릭스는 유대 사람의 환심을 사고자 하여, 바울을 가두어 둔 채로 내버려 두었다. 베스도가 부임한 지 사흘 뒤에, 가이사랴에서 예루살렘으로 올라가니, 대제사장들과 유대 사람의 지도자들이 그에게 바울을 고발하였다. 그들은 그에게 줄곧 졸랐다. 그들은 그에게 제발 바울을 예루살렘으로 불러올리라고 간청하였다. 그들은 길에 사람을 매복시켰다가, 바울을 죽일 계획이었다. 그러나 베스도는, 바울이 가이사랴에 무사하게 감금되어 있다는 말과 자기도 곧 그리로 가겠다는 말을 한 다음에, '그러니 만일 그 사람에게 무슨 잘못이 있거든, 여러분 가운데서 유력한 사람들이 나와 함께 내려가서, 그를 고발하시오' 하고 말하였다." (행24:27·25:1-5)

해결되지 않은 문제

"정치가들이 오고 또 떠나도 문제는 여전히 남아있습니다." (Donald Tusk, 2018. EU 상임의장) 마르쿠스 안토니우스 벨릭스도 가고 또 '보내졌습니다.' 그는 수감자를 다시 내버려 두었고, 여전히 문제는 해결되지 않은 채 머물러 있었습니다. 즉 한편에는 무고하게 고발당한 예수의 사람 바울과, 상대편에는 종교·정치의 지배 차원에서 비롯된 증오에 가득 찬 유대인 고발자들 사이에 갈등이 있습니다.

사랑이 눈을 멀게 한다는 말이 있습니다. 그렇다면 증오는 어떨까요? "증오는 사람들을 파멸케 하는 사랑"이라고 키에르케고르는 말했습니다다. 미워하는 사람은 미움의 대상, 즉 상처의 원인을 제거함으로써 평안을 찾습니다. 왜 유대인들은 그렇게 상처 입고 환멸 느끼며 그렇게 공격적입니까? 물론 그들은 이 바울을 잘 알고 있습니다. (행26:4~5) 그동안 그들은 바울에게 큰 희망을 걸었습니다.

그런데 바울은 처음 자기가 투쟁의 대상이었던 이 종파로 넘어갔습니다. 이제 그는 세상을 다니면서, 처형된 나사렛 예수가 부활해서 지금 살아있고 율법을 다 이루셨으며 심판하기 위해 다시 오실 거라는 사실을 선포했습니다. 그는 이것을 중단하지 않았습니다. 특히 이방인들은 이 전파하는 말씀(선포)을 빨아들였습니다. 곳곳에 예수와 관련된 단체나 공동체가 생겨났습니다. 그리고 바울은? 그는 하나하나 잘못된 책임을 조용히 들추어냈습니다. 인내심을 갖고 그는 어떻게 자신이 새로운 입장에 서게 되었는지 설명했습니다. 유대인을 항상 만나는 곳에서 그들이 사랑과 겸손의 정신 속에 그리스도를 얻기를 바랐습니다.

시편 38:19~22는 그를 위해 씌어진 것 같았습니다. 그러면 우리는? 우리 역시 증오와 마주칠 수 있습니다. 증오는 대체로 규명하기 힘든 채 발설되는, 이러한 원초적 폭력 속에 있습니다. 증오는 사랑으로만이 옮겨질 수 있고 견뎌지고 또 때때로 극복될 수 있습니다. (이와 관련해서 눅6:27~28, 고전 13:4~7 읽어보십시오.)

"너희를 저주하는 사람들을 축복하며, 너희를 모욕하는 사람들을 위하여 기도하여라." (눅6:28)

"강력한 나의 원수들은 점점 많아지기만 하고, 나를 까닭 없이 미워하는 자들도 점점 불어나기만 합니다." (시38:19)

"사랑은 모든 것을 덮어주며, 모든 것을 믿으며, 모든 것을 바라며, 모든 것을 견딥니다." (고전13:7)

2월 20일 QT

"그러니 만일 그 사람에게 무슨 잘못이 있거든, 여러분 가운데서 유력한 사람들이 나와 함께 내려가서, 그를 고발하시오 하고 말하였다. 베스도는 예루살렘에서 여드레인가 열흘인가를 지낸 뒤에, 가이사랴로 내려가서, 이튿날 재판석에 앉아서, 바울을 데려오라고 명령하였다. 바울이 나타나자, 예루살렘에서 내려온 유대 사람들이 그를 에워싸고, 여러 가지 무거운 죄목을 걸어서 고발하였으나, 증거를 대지 못하였다. 바울은 '나는 유대 사람의 율법이나 성전이나 황제에 대하여 아무 죄도 지은 일이 없습니다' 하고 말하여 자신을 변호하였다. 그러나 베스도는 유대 사람의 환심을 사고자 하여, 바울에게 묻기를 '그대는 예루살렘으로 올라가서, 이 사건에 대하여 내 앞에서 재판을 받고 싶지 않소?' 하였다. 바울이 대답하였다. '나는 지금 황제의 법정에 서 있습니다. 나는 여기서 재판을 받아야 합니다. 각하께서도 잘 아시는 대로, 나는 유대 사람에게 조금도 잘못한 것이 없습니다. 만일 내가 나쁜 짓을 저질러서, 사형을 받을만한 무슨 일을 하였으면, 죽는 것을 마다하지 않겠습니다. 그러나 나를 고발하는 이 사람들의 고발 내용에 아무런 근거가 없으면, 어느 누구도 나를 그들에게 넘겨줄 수 없습니다. 나는 황제에게 상소합니다.' 그때에 베스도가 배심원들과 협의하고 '그대가 황제에게 상소하셨으니, 황제에게로 갈 것이오' 하고 말하였다." (행25:5~12)

최종 결렬

새로 온 총독 보르기오 베스도는 책상을 깨끗이 치우고, 어려운 현안들을 마침내 이 지구상에서 정리하기로 결단했습니다. 이때 그는 조심해서 나아갔습니다. 자기 공직이 막 시작되는 시점에 여전히 선동된 유대인들을 자극하지 않으려 했고 바울에 대해서도 공정하려고 했습니다.

"자기와 관계없는 싸움에 끼어드는 것은, 사람이 개의 귀를 붙잡는 것과 같다"라는 잠언 26장 17절의 지혜의 말씀을 베스도는 아마도 몰랐을 겁니다만, 그에게 귀찮은 일이 피어오르는 것을 예감했습니다. 그건 그랬습니다. 유대인들은 종교 및 정치적 주제를 가지고 바울에 '심한 여러 가지 고소'를 자행했습니다. (7~8절)

이 사도에게는 모든 것이 다시 진행되는 것처럼 보였습니다. 이제 바울은 곧장 황제에게 호소했습니다. 그건 아주 좋은 로마 (시민)법이었습니다. 베스도는 그것을 들어줄 수밖에 없었습니다.

"그대가 황제에게 상소하셨으니, 황제에게로 갈 것이오."

왜 지금 와서 그렇게 하는 걸까요? 가이사랴에서 체포될 때 이미 그렇게 했어야 하지 않았나요? 바울은 전혀 변함없는 이 시간을 왜 그렇게 오랫동안 견디었는가요? 바울이 안토니아 성의 감옥에서, 로마로 가는 길을 제시하신 주님의 말씀을 받긴 했습니다만. (행 23:11)

하지만 이 결정은 너무나 중요했습니다. 이 결정은, 바울이 예루살렘에 있는 경건한 대 제사장이나 자신의 동료보다 로마에 있는 이방 황제로부터 정의를 기대하는 것을 의미합니다. 예수님이 이방 (민족)에 넘어갈 거라는 것에 대해 말씀하셨을 때 (눅18:32~34), 제자들의 귀에는 그것이 완전히 불가능한 것처럼 들렸습니다.

이제 바울은 자신을 풀어줄 로마 황제에게 어필해야 하는 곤경에 처한 자신의 모습을 봅니다. 이로써 그와 유대 믿음의 형제간에는 고통스러운 최종 결렬이 오게 되었습니다.

"그날 밤 주님께서 바울 곁에 서서 말씀하셨다. '용기를 내어라. 네

가 예루살렘에서 나의 일을 증언한 것과 같이, 로마에서도 증언하여야 한다.'" (행23:11)

2월 21일 QT

"그 때 베스도가 배심원들과 협의하고 '그대가 황제에게 상소하셨으니, 황제에게로 갈 것이오' 하고 말하였다." (행25:12)

모든 것을 다 잃고

바울이 '강제로' 황제에게 소환된 그 어려움을 다시 다루어 봅시다. 이 경우 빌립보서 3장 2절의 내용이 우리에게 도움을 줄 수 있습니다. 이 구절 시작에 바울은 그가 유대혈통에 깊이 뿌리 박혀있음을 기술합니다. 그는 "율법에서는 나무랄 데가 없었다"(6절) 말합니다. 이미 이 말에 우리는 경의를 표하지 않을 수 없습니다. 우리 중에 누가 그렇게 말하고 쓸 수 있겠습니까? 매일 율법에 따라 살려는 그런 큰 에너지가 어떻게 그 삶 속에 숨어 있습니까? 하나님의 말씀에 대한 기쁨이 그에게 충만했던 겁니다. 그는 시편 1장 2절, 19장 8절, 37장 31절, 119장 1절, 18절, 44절이 기록한 대로 살았습니다.

당시 그는 크리스천이 되는 길을 격렬히 거부했는데, 자기 눈으로 볼 때 그들이 율법에 따르는 삶을 의문시했기 때문입니다. 그래서 바울은 그리스도 자신이 자기 삶에 들어오기까지 엄청난 열정을 가지고 그들과 싸웠습니다. 뼈에 사무치도록 그는 부활하신 그분을 인식한 후에는 계속해서 그분께 속했습니다.

"나는 내게 이로웠던 것은 무엇이든지 그리스도 때문에 해로운 것으로 여기게 되었습니다"(빌3:7)라고 그는 기록하고 있습니다.

계속해서 맘에 닿는 말씀은 "나의 주인이신 주님을 위해 나는 모든 것을 잃었습니다"입니다. 이것은 그에게 우정과 인정 혹은 명예를 가져다준, 자기 회심 전의 삶에서 비롯된 게 아닙니다. 자기 오랜 급우나 학우는 그와 관여하지 않으려고 합니다. 그들은 그를 업신여기고 중상모략하고 '전 지구적으로' 핍박합니다.

바울은 '그분의 고난에 동참하는 것'(빌3:10)을 체험합니다. 그들이 바울 자신이 가는 길을 이해하고 예수 그리스도를 메시아로 받아들이는 것, 그것이 그의 간절한 소망이 되었습니다.

가이사랴에서 이제 바울은 자기 백성의 '지존하신 제사장'에게서 도움을 기대하는 대신, 차라리 '지존하신 이방인'에 상소하는 쓰디쓴 결정을 내립니다. 탁자보가 가리가리 찢겨졌습니다. 이에 도움 되는 말씀은 살전 2:14~16입니다.

"개들을 조심하십시오. 악한 일꾼들을 조심하십시오. 살을 잘라내는 할례를 주장하는 자들을 조심하십시오." (빌3:2)

"내가 바라는 것은 그리스도를 알고, 그분의 부활 능력을 깨닫고, 그분의 고난에 동참하여 그분의 죽으심을 본받는 것입니다." (빌3:10)

2월 22일 QT

"며칠이 지난 뒤에, 아그립바 왕과 버니게가 베스도에게 인사하려고 가이사랴에 왔다. 그들이 거기서 여러 날 지내는 동안에, 베스도는 바울에 대한 고발 사건을 왕 앞에 내놓고 말하였다. '벨릭스가 가두어 둔 사람이 하나 있는데, 내가 예루살렘에 갔을 때에, 유대 사람의 대제사장들과 장로들이 그를 고발하여 유죄 판결을 청하였습니다. 나는 그들에게 대답하기를, 로마 사람의 판례로서는 원고가 피고를 직접 대면해서 그 고발한 내용에 대하여 변호할 기회를 가지기 전에는 그 사람을 넘겨주는 일에 없다고 하였습니다. 그래서 그들이 여기에 함께 왔으므로 나는 조금도 지체하지 않고 그 다음 날 재판석에 앉아서 그 사람을 불러오게 하였습니다. 원고들이 일어나서 그를 고발한 죄목들을 늘어놓았지만 내가 짐작한 그런 악한 일은 하나도 없었습니다. 그들이 그와 맞서서 싸우는 몇몇 문제점은 자기네의 종교와 또 예수라는 어떤 죽은 이에 관한 일인데, 바울은 그가 살아있다고 주장하였습니다. 나는 이 문제를 어떻게 심리해야 할지 몰라서, 바울에게, 예루살렘으로 가서 이 사건으로 거기서 재판을 받기를 원하는지를 물어보았습니다. 그러나 바울이 황제의 판결을 받도록, 그대로 갇혀 있게 하여 달라고 호소하므로 내가 그를 황제에게 보낼 때까지 그를 가두어 두라고 명령하였습니다.' 아그립바가 베스도에게 말하기를, '나도 그 사람의 말을 직접 들어보고 싶습니다' 하니, 베스도가 '내일 그의 말을 들어 보십시오' 하고 대답하였다." (사도행전 25:13~22)

연합함 없이 관심만 보이고

아그립바 2세 왕은 누이 버니게와 함께 취임 인사차 베스도 집을 방문

했습니다. 가이사랴에 있는 지방총독의 궁전은 바다에 바로 붙어 있었습니다. 그곳에서 그는 즐겁고 기쁜 날들을 보냈습니다. 언젠가 베스도는 그의 손님에게 수감자(바울)가 자신에게 일으킨 문제에 대해 얘기했습니다. 그는 로마 율법에 따라 그 사람을 계속 억류하여 붙잡아둘 수 없었습니다.

베스도는 종교적 쟁점을 근본적으로 이해하지 못했습니다. 그가 바울을 황제에게 보낸다면 황제에게 무엇을 보고 해야 했습니까? 그는 아그립바에게 조언을 구했습니다. 하나님과 헤롯 가계의 잔혹한 통치자들 사이의 특별한 역사는 주목할 만합니다. 항상 반복해서 그는 그들의 문을 두드렸습니다. 헤롯 대왕은 동방에서 온 박사들의 말에 관심 가지고 귀를 기울였던 것 같습니다. 그는 예수를 '왕 중의 왕'으로 인정할 기회를 가진 첫 번째 사람이었습니다. 그런데도 그는 예수를 왕으로 인정하는 대신 죽이려고 했습니다. (마2:1이하)

헤롯 안티파스(분봉왕)는 아버지 못지않았습니다. 그는 세례 요한을 처형하였고 '예수를 만나보고 싶어 했습니다.' (눅9:7~9·13:31~32·23:6~12) 헤롯 아그립바 1세는(헤롯 대왕의 손자) 사도행전 12장에 잘 나타납니다. 그는 제자 야고보를 처형하고 자신을 전능하다고 여겨 권세 있는 누구도 할 수 없는 일들을 자행했습니다. 교훈은 그가 죽음으로 끝난 걸 보여줍니다. 그의 아들 아그립바 2세는 오늘날의 시리아, 레바론, 이스라엘 지역을 다스렸습니다. 그리고 그는 대제사장 권한도 가지고 있었습니다. 그래서 베스도가 바울 때문에 유대인의 '종교적 수령'에게 조언을 구했다는 게 이해가 됩니다. 그래서 그는 그것을 감행한 것입니다. "나는 사람들의 말을 즐겨 듣는다"고 할 만큼 그는 흥미를 가졌습니다. 예수님을 보는 것, 예수님의 소리를 듣는 것은 항상 어떤 결단의 자리에 있게 합니다. 아그립바 2세는 다음날 어떤 결정을 내릴까요? "전능하신 분, 주 하나

님께서 말씀하시어, 해가 돋는 데부터 해 지는 데까지, 온 세상을 불러 모으신다." (시50:1)

"악인의 마음 깊은 곳에는 반역의 충동만 있어, 그의 눈에는 하나님을 두려워하는 기색이 조금도 없습니다. 그의 눈빛은 지나치게 의기양양하고, 제 잘못을 찾아내 버릴 생각은 전혀 없습니다. 그의 입에서 나오는 말이란 사기와 속임수뿐이니, 슬기를 짜내어서 좋은 일을 하기는 이미 틀렸습니다. 잠자리에 들어서도 남 속일 궁리나 하고, 범죄의 길을 고집하며, 한사코 악을 버리려고 하지 않습니다." (시36:1~4)

2월 23일 QT

"이튿날, 아그립바와 버니게가 위엄을 갖추고 나와서, 고급 장교들과 그 도시의 요인들과 함께 심문 장소로 들어갔다. 그리고 베스도의 명령으로 바울을 끌어냈다." (행25:23)

상반됨

아그립바 2세 왕은 가이사랴에서 바로 이 기념할 만한 날에 32세를 맞았습니다. 그는 흥미로웠고 오픈된 사람이며 들을 준비가 된 사람이었습니다. 그와 버니게는 멋있게 차려입었는데, 인상적으로 '대단한 외모를 갖추고' 나왔습니다. 금 머리띠와 팔찌, 관 모양의 머리장식, 왕관, 극세 천을 두르고 있었습니다. 학식 있는 카펫 직조공 바울은 분명 그것에 대한 시각을 갖고 있었습니다. 바울은 이에 반해 포승줄에 묶여 끌려 나왔고, 쨍그랑 소리 나는 녹슨 사슬에 간단한 옷만 걸치고 있어 생활이나 체포된 모습을 쉽게 알게 해줍니다.

아마도 바울은 그가 고린도 교회에 쓴 내용을 생각했을 수도 있습니다.

"내가 생각하기에, 하나님께서는 사도들인 우리를 마치 사형수처럼 세상에서 가장 보잘 것 없는 사람들로 내놓으셨습니다. 우리는 세계와 천사들과 사람들에게 구경거리가 된 것입니다." (고전 4:9)

모두가 그를 어떻게 응시할 수 있었을까요? 이 장면은 빌헬름 부쉬 목사와 함께 체험한 한 사람을 강하게 생각나게 합니다. 동독 시절 라이프치히에서 열렸던 교회기념일(키르헨 탁) 행사에서 지방 명사들이 시청 집

견실로 초대되었습니다. 연설이 있었고 샴페인 잔이 비워졌습니다. 빌헬름 부쉬가 기록하기를, 그때 기념일 총서기 하인리히 기젠이 폐회사를 해야 할 때였습니다. 나는 하인리히 기젠이 일어나 말한 것을 잊지 못합니다.

"여러분들은 우리에게 우리가 국민을 위해 뭘 하는가를 묻습니다. 나는 한 문장으로 이것을 말하고 싶습니다: 우리는 다음과 같이 기도하는 사람입니다: 사랑의 하나님, 나를 거룩하게 하시어 내가 천국 가게 하소서."

그러고는 자리에 앉았습니다. 내 옆에 어떤 레닌 훈장을 단 덩치 큰 사람이 앉아있었습니다. 이것은 시민들은 갑자기 동요하게 된 엄청난 일이었습니다.

하늘나라가 있습니까? 예, 있고말고요! 그래서 우리는 기도하지 않습니까?

"사랑의 주님, 나를 거룩하게 하셔서 하늘나라 가게 하소서. 나는 축복 받기를 원합니다."

"주님께서 그에게 말씀하셨다. '가거라, 그는 내 이름을 이방 사람들과 임금들과 이스라엘 자손들 앞에 가지고 갈, 내가 택한 내 그릇이다.'" (행9:15)

"인자는 잃은 것을 찾아 구원하러 왔다." (눅19:10)

"그러나 주님의 이름을 부르는 사람은 구원을 얻을 것이다." (행2:21)

"오히려 하나님의 말씀을 듣고 지키는 사람이 복이 있다." (눅11:28)

2월 24일 QT

"그때에 베스도가 말하였다. '아그립바 임금님, 그리고 우리와 자리를 같이 하신 여러분, 여러분이 보시는 대로, 이 사람은 예루살렘에서나 여기서나, 모든 유대 사람이 그를 더 이상 더 살려 두어서는 안 된다고 소리치면서, 나에게 청원한 사람입니다. 그러나 나는, 그가 사형을 받을 만한 아무런 일도 하지 않았다고 판단하였습니다. 그런데 그는 스스로 황제에게 상소하였으므로 나는 그를 보내기로 작정하였습니다. 나는 그와 관계되어 있는 일을 황제께 써 올릴 만한 확실한 자료가 없으므로 여기서 그를 심문해서 내가 써 올릴 자료를 얻을까 하는 생각으로 그를 여러분 앞에, 특히 아그립바 임금님 앞에 끌어다가 세웠습니다. 죄수를 보내면서 그의 죄목도 제시하지 않는다는 것은 이치에 맞지 않는 일이라고 생각합니다.'" (행 25:24~27)

결단

베스도는 회의를 열고 회의 소집 이유를 설명했습니다. 그 왕은 사회를 맡으면서도 이 날이 그에게 어떤 의미를 지니는지 전혀 예감하지 못했습니다.
"방향을 정하는 그러한 순간이 있습니다." (H. Biebl)
성경은 엄청난 결과를 가져오는 그런 결정의 순간들을 그리고 있습니다. 창세기 3장 6절과 누가복음 1장 38절, 이곳에 등장하는 두 여인은 그들의 결정이 어떤 결과를 가져왔다는 것을 예감하지 못했습니다. 하와는 금기시된 과일을 따 먹음으로써 그 결정이 전 인류에 해당될 거라는 생각을 전혀 하지 못했습니다. 마리아도 천사의 말에 동의하는 것이, 인류를 위한 그 큰 구속의 선물이라는 것을 예감할 수 없었습니다.

또 있습니다. 야곱이 배고픈 형에게 팥죽 한 그릇으로 장자권을 빼앗았을 때, 이 교활한 책략이 어떤 극적 결과를 낳을 건지 전혀 예감하지 못했습니다. 엘리사의 시종 게하시가 시리아 나만 장군의 재산을 탐하면서 이 물건들을 비밀스레 숨기기로 결단하였습니다. 그러고는 자기 주인에게 태연하게 거짓말을 했습니다. 그 후에 어떤 일이 벌어질지 알았다면 그는 문 앞에 발을 내밀지 않았을 겁니다. (열하5:19~27)

이와 비슷한 일들이 우리에게 얼마나 자주 일어납니까?

"내가 이 한마디 말로 내 친구에게서 모든 신뢰를 잃게 한다면 내가 이 말을 안 했어야 했는데!"

아니면 이런 경우: "이 사람이 내 삶에 등장한 것이 얼마나 좋은 일인가? 그는 용서가 무엇인지 가르쳐 주었고 용서를 받아들이도록 나를 도와주었구나!" (행8:30~38·16:13~15, 28~34를 참고하세요!)

"삶은 뒤를 바라봄으로써 이해되며, 앞을 바라봄으로써 살아집니다." (키에르케고르)

그래서 우리는 인도하심, 지도하심, 지켜주심을 기도합니다.

"당신은 나의 바위, 나의 요새이시니 주님의 이름을 위하여 나를 인도해 주시고 이끌어 주십시오." (시31:3)

2월 25일 QT

"아그립바 왕이 바울에게 말하였다. '할 말이 있으면 해도 된다.' 바울이 손을 뻗치고 변호하기 시작하였다. '아그립바 임금님, 오늘 내가 전하 앞에서 유대 사람이 나를 걸어서 고발하는 모든 일에 대하여 변호하게 된 것을 다행으로 생각합니다. 그것은 특히 임금님께서 유대사람의 풍속과 쟁점들을 모두 잘 알고 계시기 때문입니다. 아무쪼록 내 말을 끝까지 참으시고 들어 주시기 바랍니다. 내가 젊었을 때부터 살아온 삶을 모든 유대 사람이 알고 있습니다. 곧 그들은 내가 내 동족 가운데서, 그리고 예루살렘에서 처음부터 어떻게 살았는지를 알고 있습니다. 그들은 오래 전부터 나를 알고 있었으므로 증언하려고 마음만 먹으면, 그들은 내가 우리 종교의 가장 엄격한 파를 따라 바리새파 사람으로 살아왔다는 것을 인정할 것입니다. 지금 나는, 하나님께서 우리 조상들에게 주신 약속에 소망을 두고 있기 때문에, 여기에 서서 재판을 받고 있습니다. 우리 열두 지파는 밤낮으로 열심히 하나님을 섬기면서, 그 약속이 이루어지기를 바라고 있습니다. 전하, 나는 바로 이 소망 때문에 유대 사람에게 고발을 당한 것입니다.'" (행26:1~7)

희망?

이 글을 쓰는 2018년 7월, 우리 세상은 정말 희망이 없어 보입니다. 나토 정상은 파국을 맞이했습니다. 계획된 브렉시트도 희미한 희망의 빛마저 잃어갑니다. 지중해에는 유럽에 희망을 걸었던 수많은 아이와 남녀 사람들이 익사하고 있습니다. 미국과 이 지상의 나머지 국가 간 무역 전쟁을 피하려는, 희망을 가진 사람들은 환멸을 느낍니다…. 하지만 우리 중 많은 사람은 이 노래를 알고 있습니다.

"우리에게 희망이 있네. 세상이 알지 못하는 희망. 마라나타, 주 예수여, 속히 오소서!"

원수들의 증오·경멸은 믿는 사람들도 당할 수 있습니다. 하지만 어떤 상황에서도 찬양하는 사람은 이러한 거절과 원수됨을 참고, 승리자로 극복하신 대장 되신 주님을 바라봅니다.

그는 예수님이 다시 오신다는 희망에서 용기와 기쁨을 얻습니다. 크리스천들이 얼마나 삐딱하게 보이는지, 그들은 오늘 이 세상의 장터에서 노래하는 것 같습니다. 하지만 지금이 크리스천이 다시 기쁘게 큰 소리로 찬양해야 할 때인지도 모르겠습니다. 어떤 희망으로 그들이 살아가는지 말해야 하는 때인지도 모르겠습니다. 희망을 나르는 사람은 이전보다 우리 시대를 더욱 필요로 합니다.

서기 59~60년의 이스라엘 세계는 오늘날 우리보다 더 희망적이지 않았습니다. 하나의 희망을 지닌 한 사람이 회중 앞에 서 있습니다. 법률적으로 희망 없는 이 일은 이미 어긋났습니다. 바울은 '모든 유대인'이 청년 때부터 그를 알고 있다고 말했습니다. 그들은 그가 그들에게 큰 희망을 알려주리라고 분명히 알았습니다. 하나님이 우리에게 열두 지파를 준, 그런 약속이 성취된다는 희망입니다. 신앙심 깊은 유대인 바울을 어떻게 그들은 이 희망 때문에 고발하고 추방하고 피에 이르도록 증오한단 말입니까?

"주님, 주님 밖에는, 나에게 희망이 없습니다. 주님, 어려서부터 나는 주님만을 믿어왔습니다." (시71:5)

"야곱의 하나님을 자기 도움으로 삼고 자기의 하나님이신 주님께 희망을 거는 사람은, 복이 있다." (시146:5)

2월 26일 QT

"여러분은 어찌하여, 하나님께서 죽은 사람들을 살리신다는 것을 믿을 수 없는 일로 여기십니까? 사실 나도 한때는 나사렛 예수의 이름을 반대하는 데에 할 수 있는 온갖 일을 다 해야 한다고 생각하였습니다. 그래서 나는 그런 일을 예루살렘에서 하였습니다. 나는 대제사장들에게서 권한을 받아가지고 많은 성도를 옥에 가두었고, 그들이 죽음을 당할 때에 그 일에 찬동하였습니다. 그리고 회당마다 찾아가서 여러 번 그들을 형벌하면서 강제로 신앙을 부인하게 하려고 하였습니다. 나는 그들에 대한 분노가 극도에 다다랐으므로 심지어 외국의 여러 도시에까지 박해의 손을 뻗쳤습니다. 한 번은 내가 이런 일로 대제사장들에게서 권한과 위임을 받아서 다마스쿠스로 가고 있었습니다. 임금님, 나는 길을 가다가, 한낮에 하늘에서부터 해보다 더 눈부신 빛이 나와 내 일행을 둘러 비추는 것을 보았습니다. 우리는 모두 땅에 엎어졌습니다. 그 때 히브리말로 나에게 '사울아, 사울아, 너는 어찌하여 나를 핍박하느냐? 가시 돋친 채찍을 발길로 차면, 너만 아플 뿐이다' 하고 말하는 음성을 들었습니다. 그래서 내가 '주님, 누구십니까?' 하고 물었더니, 주님께서 '나는 네가 핍박하는 예수이다. 자, 일어나서 발을 딛고 서라. 내가 네게 나타난 목적은, 너를 일꾼으로 삼아서 네가 나를 본 것과 내가 장차 네게 보여 줄 일의 증인이 되게 하려는 것이다. 나는 이 백성과 이방 사람들 가운데서 너를 건져내어, 이방 사람들에게로 보낸다. 이것은 그들의 눈을 열어 주어서, 그들이 어둠에서 빛으로 돌아서고 사탄의 세력에서 하나님께로 돌아오게 하며, 또 그들이 죄 사함을 받아서 나에 대한 믿음으로 거룩하게 된 사람들 가운데 들게 하려는 것이다' 하고 말씀하셨습니다." (행26:8~18)

예리한 통찰

바울은 사도행전에서만 세 번이나 자기가 공동체를 핍박하였고 다메섹에서 예수를 어떻게 만났는지를 얘기합니다. 이 자전적 보고에서 그는 가시라는 단어를 언급하는데, 그 가시는 지속적으로 상처를 받지 않고는 제거할 수 없는 것입니다. (14절)

목자는 아무리 장애물이 많아도 방향을 정합니다. 다마스쿠스에서 기념할 만한 바로 그 날에, 믿음이 강한 바리새인(바울)은 예수에 반대해 싸우는 것을 포기하고 그 이후로는 예수를 위해 싸웁니다. 사울에서 바울이 됩니다. 예수님이 그에게 그렇게 가까이 옴으로써 그에게는 희망의 성취가 가까이 있는 겁니다.

그들은 그들이 십자가에 못 박은 나사렛 출신 사람에게서 그들이 오기를 고대하는 메시아를 보는 게 아닙니다. 이것이 '이 두 희망 간' 비극적 차이점입니다. 이것은 야곱 우물가 여인에게서도 마찬가지입니다. 이 여인과 예수님은 영혼에 관한 대화를 하게 됩니다.

"나는 메시아가 올 것이라는 걸 압니다. 그가 오시면 이 모든 것을 우리에게 설명할 겁니다"라고 그 여인이 말할 때 예수님은 "네가 그와 지금 말하고 있다. 내가 바로 그다"라고 그녀에게 말합니다.

요한복음 11장에 나사로의 죽음이 보고되고 있습니다. 예수님이 오셨을 때 마르다는 그가 부활할 거라는 걸 압니다 … 죽은 사람이 부활할 때. 그때 예수님은 "나는 부활이요 생명"이라고 그녀에게 말합니다.

이 두 가지 예는 희망의 먼 목표가 서 있고 그것의 성취가 말 그대로 아주 가까이 놓여있다는 겁니다. 우리가 그렇게 희망할 수 있는 것이 자동으로 일어나는 게 아닙니다. 항상 예수님은 우리를 길에 세우시고 우리 노선을 멈추게 하시고 우리가 손수 만든 계획이나 사고를 꼬이게 합니다. 그리고 나서 그는 지평선을 열어젖혀 우리가 그의 길 뜻을 알게, 또 행하게 하시고, 또 우리가 우리의 부활하신 주님을 새롭게 접촉하며 살아갈 수 있는 선물을 주십니다.

"하나님의 모든 약속은 그리스도 안에서 '예'가 됩니다. 그러므로 그리스도로 말미암아, 우리는 '아멘!' 하면서 하나님께 영광을 돌리는 것입니다."(고후1:20)

2월 27일 QT

"그러므로 아그립바 임금님, 나는 하늘로부터 받은 환상을 거역하지 않고 먼저 다마스쿠스와 예루살렘에 있는 사람들에게 다음으로 온 유대 지방 사람들에게 나아가서는 이방 사람들에게, 회개하고 하나님께로 돌아와서, 회개에 합당한 일을 하라고 전하였습니다. 이런 일들 때문에, 유대 사람들이 성전에서 나를 붙잡아서 죽이려고 하였습니다. 그러나 내가 이 날까지, 하나님의 도우심을 받아서 낮은 사람에게나 높은 사람에게나 이렇게 서서 증언하고 있는데, 예언자들과 모세가 장차 그렇게 되리라고 한 것밖에는 말한 것이 없습니다. 그것은 곧, 그리스도는 고난 당하셔야 한다는 것과, 그는 죽은 사람들 가운데서 가장 먼저 부활하신 분이 되셔서 이스라엘 백성과 이방 사람들에게 빛을 선포하시리라는 것입니다." (행26:19~23)

네 번이나 말을 건넴

"아그립바 왕이여!" 이 장에서 보면, 네 번이나 바울은 젊은 왕에게 직접 말을 건 냅니다. 바울은 자기 삶과 회심 사건을 입체적으로 생생하게 얘기함으로써 그를 크리스천으로 만들려고 노력합니다. 긴박한 정적에 이르도록, 그리스도를 만난 후 어떤 예기치 않는 결과가 그에게 따라왔는가를 바울은 그리고 있습니다. 그는 최선봉에서 이방인으로 보내진 것입니다. (롬1:1,5)

그들은 예수님이 이 세상 죄를 위하여 죽으신, 그 위대한 날을 체험해야 합니다. 우리는 행간에서 다음을 읽을 수 있습니다: 아그립바 왕이여, 바로 당신을 위해서도 그가 죽으셨습니다. 당신은 당신 조상들의 궤도 속에서 삶을 살아서는 안 됩니다. (벧전1:18~19) 당신은 돌이킬 수 있습니다. 당신 누이를 포함해서 참회할 수 있습니다. 보십시오. 나는 여기서 나의 실책과 죄에 대해 다 얘기합니다. 나는 당신과 여기 있는 사람들에게 증거 합니다. 흑암에서 빛으로, 죄에서 용서로, 죽음에서 영원한 생명으로의 전환이 가능합니다. (요5:24)

바울은 자기가 겪은 고통의 부당함이나 자기 여정의 위험 등 전혀 다른 얘기도 하려면 할 수 있었을 겁니다. 그는 상처를 보여줄 수도, 고발이나 비난의 음색을 터뜨릴 수도 있었을 겁니다. 그는 청중들의 동정심에 어필할 수도 있고, 자기 고향 상실이나 고독에 대해, 어떻게 해볼 수 없었던 당한 고통에 대해, 그의 곤경 등을 얘기할 수도 있었을 겁니다.

그러나 그는 이 모든 것에 대해서는 한마디 말도 하지 않았습니다.

신분 높은 그들의 눈에서 볼 때도 바울은 예수 그리스도에 대해, 그가 고난 당하시고 죽으시고 부활하심에 대해 말하는, 선교자에 머물러 있습니다. 구원의 복음을 말하지 자신 개인의 신상에 관한 일을 말하지 않습니다. 그는 예수를 신뢰하는 그 사람들이 비추는 빛에 대해 말합니다.

"아그립바 왕이여!", 사랑하는 청중이여, 사랑하는 QT 독자들이여, 우리는 가이사랴 이 날에 생긴 이 운명의 순간의 증인들입니다.

"이 모두가 하나님이 하시는 일입니다. 하나님이 사람에게 두 번, 세 번, 이렇게 되풀이하시는 것은 사람의 생명을 무덤에서 다시 끌어내셔서 생명의 빛을 보게 하시려는 것입니다." (욥33:29~30)

2월 28일 QT

"그것은 곧 그리스도는 고난을 당하셔야 한다는 것과, 그는 죽은 사람들 가운데서 가장 먼저 부활하신 분이 되셔서, 이스라엘 백성과 이방 사람들에게 빛을 선포하시리라는 것입니다. 바울이 이렇게 변호하니 베스도가 큰 소리로 '바울아, 네가 미쳤구나. 네 많은 학문이 너를 미치게 하였구나' 하고 말하였다. 그때에 바울이 대답하였다. '베스도 총독님, 나는 미치지 않았습니다. 나는 맑은 정신으로 참말을 하고 있습니다. 임금님께서는 이 일을 잘 알고 계시므로, 내가 임금님께 거리낌 없이 말씀 드리고 있는 것입니다. 이것은 어느 한 구석에서 일어난 일이 아니므로 임금님께서는 그 어느 사실 하나라도 모르실 리가 없다고 생각합니다.'" (행26:23~26)

중간 외침

중간에 크게 소리를 질러서 베스도는 바울의 연설을 중단시켰습니다. 그 딱딱한 법관은 바울이 어떤 종교적 무아경에 빠질 것을 겁내 했습니다. 좁은 방에서의 골똘한 생각, 긴 감금 기간, 자기 인격에 대한 지속적 공격, 이런 것들이 베스도를 정말 미치게 했음에 틀림없습니다.

이 높은 지적인 인격체들 앞에서, 계속해서 죽었던 예수님이 죽은 자 가운데서 살아났다고 그가 주장하는 것, 이 자체가 그냥 곤혹스러웠던 겁니다!

- 고대 사람은 죽음의 수수께끼를 많이 다루어 왔습니다. 신분이 높고 낮든지, 가난하고 부유하든지, 수수께끼 같은 죽음을 피부 가까이에서 끊임없이 체험했습니다.

크레타에 있는 헤라크리온 고고 박물관에는 다음과 같은 감동의 글

이 남아 있습니다:

밀이 앰포라 단지에 보관되었습니다. 언젠가는 밀 줄기가 자라납니다. 그래서 사람들은 이렇게 생각 했습니다: 만약 우리가 죽은 사람을 그런 앰포라 속에 압축시킨다면 우리는 밀 줄기처럼 다시 그곳에서 부활한다고. 그래서 방문자들은 부활하지 않는 뼈가 든 수많은 앰포라 단지를 보게 됩니다.

죽은 사람들을 위한 거주지가 있는 네크로폴렌(죽음의 도시)도, 죽음을 파악하고, 죽음에서 그 고통을 들기 위한 소망을 증언하고 있습니다. - 이제 이 수감자는 이 높은 협의회 앞에 서 있고, 죽었던 이 예수가 살아있다고 말합니다.

어디에! 어떻게! 바울은 우리를 위해, 앰포라가 아니라 천국에 거주할 곳이 예비 되어 있다는 것을 압니다. (요14:1~3)

"네가 미쳤구나. 네가 무언가에 홀렸구나!" - 이것은 이해할 수 없는 어떤 것에 자신을 방어할 때 쓰는 말입니다. 바울은 이에 공손히 반대하며 자신의 주장을 더 확정짓고 있습니다. 오히려, 베스도여, '나는 참되고 올바른 말을 하고 있습니다. 나는 미치지 않았습니다'라고 말하는 것 같습니다.

바울은 수감자나 고발당한 사람으로 거기 서 있는 게 아니라, 하나님의 사자로 거기에 서 있습니다.

그가 영적 아들 디모데에게 보내는 편지에 이것이 잘 드러납니다.

"그대는 말씀을 선포하십시오. 기회가 좋든지 나쁘든지, 꾸준하게 힘쓰십시오. 끝까지 참고 가르치면서, 책망하고 경계하고 권면하십시오." (딤후4:2)

"아무도 내게서 내 목숨을 빼앗아 가지 못한다. 나는 스스로 원해서 내 목숨을 버린다. 나는 목숨을 버릴 권세도 있고, 다시 얻을 권세도 있다. 이것은 내가 아버지께로부터 받은 명령이다." (요10:18)

3월 1일 QT

"임금님께서는 이 일을 잘 알고 계시므로, 내가 임금님께 거리낌 없이 말씀드리고 있는 것입니다. 이것은 어느 한구석에서 일어난 일이 아니므로 임금님께서는 그 어느 사실 하나라도 모르실 리가 없다고 생각합니다. 아그립바 임금님, 예언자들을 믿으십니까? 믿으시는 줄 압니다."(행26:26-27)

어느 한구석에서 일어난 일이 아님

왕 쪽으로 몸을 향한 채, 바울은 그가 말하는 건 '구석에서 일어난 일이 아니라는 것'을 일깨웁니다. 이 문장을 펼치기 위해서는 우리는 성경을 읽어야 합니다. 우리는 그로부터 몇 가지 사실에 국한시켜 볼 수 있습니다.

아그립바여, 나사렛 예수의 삶에 대한 행위가 있고 많은 증인이 있습니다. 그들은 예수님을 보았고 들었습니다. 산이나 바다에서 혹은 마을이나 길에서. 주님은 성전에서도 가르쳤습니다. 12살 때 이미 예수는 자기 지식이나 성서 인식으로 서기관들을 놀라게 했습니다. 수천 명이 그를 보기 원했고 듣기 원했습니다. 그들은 병자들을 주님께로 데리고 왔고 또 주님은 많은 사람을 고치고 영생의 길을 가르쳐주었습니다.

주님은 평범한 민중에게 하나님께로 향하는 길을 가르쳤습니다. 그는 바리새인과 서기관들과 복잡한 질문을 놓고 서로 토론했습니다. 어떤 질문도 그에게 하찮은 것이 없었습니다. 어떤 궁핍함도 덜 중요하지 않았습니다. 아이들조차도 주님과 같이 있으려고 했습니다. 주님은 아이들을 사랑했고 그 아이들과 얘기했습니다.

계속해서 바울은 다음과 같이 말 할 수 있었을 것입니다. 베스도 총독님, 당신의 선임자 폰티우스 빌라도는 예수에게서 어떤 죄도 증명할 수 없지만, 그가 압박을 받았기에 사형선고에 결제하고 말았습니다.

나도 비슷한 지경입니다. 당신은 내가 어떤 율법에도 저촉되지 않은 줄 알면서도 나를 풀어주지 않습니다. 베스도 총독님, 당신도 당신 직무가 주는 압박감 속에 놓여있습니다.

그러나 아그립바 왕이여, 당신은 예수의 삶과 관계되는 여러 사실이나 팩트를 알고 있습니다. 당신은 내가 어떤 망상도 가지지 않았다는 것을 알고 있습니다.

오늘도 여전히 시대의 증인들에게는 의문을 갖게 합니다. 그들은 그들이 예수님과 함께 체험한 것을 잊지 못합니다. 당신은 그것을 확인함으로써 지방총독을 도울 수 있을 것입니다. 그리고 당신 자신이 예수님과 화해할 수 있을 겁니다.

"아그립바 왕이여, 당신은 선지자를 믿습니까? 당신은 믿는다고 나는 알고 있습니다."

3월 2일 QT

"그러자 아그립바 왕이 바울에게 말하였다. '그대가 짧은 말로 나를 설복해서, 그리스도인이 되게 하려고 하는가!'" (행26:28)

많은 것이 부족하지 않은

왕의 대답은 우리에게 생각할 거리를 줍니다. 그 대답이 슬플수록 부족한 게 덜합니다. 마지막 단계를 처리하는 게 왜 그리 힘듭니까? 슬픔, 자만심, 좋은 위치의 자기 의가 우리를 방해합니다.

"직무상으로는 일이 잘 진행되고 있습니다. 이웃과 싸우지도 않습니다. 때로는 교회도 갑니다. 그런데 왜 회개해야 합니까?"

우리는 우리를 돌이키게 하는 것을 종종 잊는 것, 그것이 핵심입니다. 우리가 여전히 순종해야할 사람은 회사 사장이 아니라 부르시고 살아 계신 세계의 창조자, 위대하고 거룩하신 하나님 이십니다. 대개의 우리 삶을 그와 대비시킨다면 우리는 더 기회가 없습니다. 예수님은 그에 관해 하나의 비유를 말씀하십니다. (눅 12:16~21, 단5:4~9)

아그립바는 선지자들을 알고 있었습니다. 그는, 하나님이 그들의 삶에 등장할 때면 이 거룩한 자들이 두려워하고 놀라 바닥에 내동댕이쳐졌다는 것을 알았습니다. 예를 들면 이사야 6:1~7말씀이 그러한 것을 보여줍니다.

어떤 방송에서(DLF 2018년 7월 18일) 노베르트 블륌(콜 내각의 노동장관)이 다음 내용을 인용했습니다.

"나는 한 번은 칠레 독재자 피노체트 장관과 정치 수감자에 대해 격렬한 토론을 벌였습니다. 갑자기 그는 자기 방의 십자가를 가리키면서 '여기서 나는 매일 기도 합니다'라고 말했습니다. 그래서 내가 말했습니다. '대통령님, 이건 도움이 안 됩니다. 그 이유는 당신의 기도를 받으시는 분이 당신이 죽이도록 내버려두는 그 사람의 이름을 알고 계시기 때문입니다. 그래서 그분이 당신께 물을 겁니다. 내 형제 자매 중 가장 작은 자에게 너는 무엇을 했는가?'라고."

그 용감한 장관은 대량학살자에게 종교적 제식이 하나님 심판에 아무런 도움이 되지 않는다는 것을 보여주었습니다. 우리 같으면 아그립바에게 무얼 가지고 나갈 수 있었을까요?

그는 한순간에 어떤 회개의 기회를 놓쳤습니다. 그 값은 그에게 너무 높았습니다. 그는 그에게 여전히 부족했던 것에 나아갈 준비가 되어있지 않았던 것입니다.

3월 3일 QT

"그러자 아그립바 왕이 바울에게 말하였다. '그대가 짧은 말로 나를 설복해서, 그리스도인이 되게 하려고 하는가!' 바울이 대답하였다. '짧거나 길거나 간에, 나는 임금님뿐만 아니라, 오늘 내 말을 듣고 있는 모든 사람이, 이렇게 결박을 당한 것 외에는, 꼭 나와 같이 되기를 하나님께 빕니다.' 왕과 총독과 버니게 및 그들과 함께 앉아 있는 사람들이 다 일어났다. 그들이 물러나서 서로 말하였다. '그 사람은 사형을 당하거나, 갇힐 만한 일을 한 것이 하나도 없소.'"(행26:28-31)

농담같이. 고통스럽게

연설을 듣는 동안 왕은 침묵했습니다. 아마도 바울의 인격이 그에게 인상 깊었을 수도 있습니다. 명확하고 힘 있는 연설, 칼처럼 날카로운 논리, 자기 태도에 대한 허식 없는 규명이 그를 압도했을 수도 있습니다. 아그립바는 단지 한 문장을 말하는데, 이것이 그를 유명하게 만들었습니다. '내가 크리스천이 되는 데는 그렇게 많은 것이 모자라지는 않습니다.' 아마도 이 말을 농담 삼아 했겠지만 그건 정말 고통스러운 말입니다.

하나님의 업무는 가볍게 손 까딱함으로도 해결되겠지만, 하나님의 사도 입장에서 보면, 참으로 고통스럽습니다. 하나님의 심부름을 가벼운 손짓 하나로 거절을 하니 말입니다. 성가신 파리를 내동댕이치듯 영원한 삶과 하나님과의 화평을 내팽겨치려고 하니 고통스럽습니다.

그 왕은 곤경에 빠진 게 틀림없습니다. 로마의 권력 기구에 그는 매어있습니다. 그가 필요로 하는 유대인의 마음이 그를 괴롭혔습니다. 그와 강제로 결합하지 못하게 하는 많은 요인이 있었습니다. 이로써 그는 그곳에 출석한 사람들을 이해시킬 만 한 거리를 제공하려 했습니다. 즉 바울같이 그렇게 멀리 나가면 안 된다. 너희 길에 그냥 머물러 있어라! 여기서는 어느 누구도 그리스도인이 될 수 없습니다.

이에 대한 고통이 바울을 다시금 하나님께로 구원 초대하도록 합니다. 아마도 그는, 출석한 자들이 결코 그렇게 되길 원하지 않았던, 자기 쇠사슬 소리를 크게 내면서 자기 팔을 양옆으로 펼쳤을 수도 있습니다. 어느 누구도 이 장면에 감동받지 않을 수 없었을 겁니다.

바울은 마지막 말을 합니다.

"나는 하나님께 간구합니다."

그것이 모든 경우, 또 모든 전망 없는 것들에 대한 자신의 주소이고 또 그렇게 머물러 있습니다. 아그립바는 일어났습니다. 심리가 끝났습니다. 그는 동행자와 함께 그 공간을 떠났습니다. 바울은 압송되었습니다. 왕에 대한 하나님 은총의 시간 창문은 닫히고 맙니다.

- 예수님이 죽음을 목전에 두고 하나님 은총의 시간 동안 닫힌 예루살렘을 바라보며 울던 장면을 기억합니다. 잃어버린 자들을 위한 생각이 얼마나 심한 고통이었을까요.

"예루살렘아, 예루살렘아, 예언자들을 죽이고, 네게 파송된 사람들을 돌로 치는구나! 암탉이 제 새끼를 날개 아래에 품듯이, 내가 몇 번이나 네 자녀를 모아 품으려 하였더냐! 그러나 너희는 그것을 원치 않았다." (눅13:34)

또 예수님의 '큰 잔치 비유'(눅14:16~24)를 읽어보시기 바랍니다.

3월 4일 QT

"왕과 총독과 버니게 및 그들과 함께 앉아있는 사람들이 다 일어났다. 그들은 물러가서 서로 말하였다. '그 사람은 사형을 당하거나, 갇힐 만한 일을 한 것이 하나도 없소.' 그 때에 아그립바 왕이 베스도에게 말하였다. '그 사람이 황제에게 상소하지 않았으면, 석방될 수 있었을 것이요.'" (행26:30~32)

부끄러워 아니하고

아그립바 왕, 그의 누이 버니게, 그리고 지방 총독 베스도는 한목소리로 "이 사람은 죽이거나 억류할 만큼 죄가 없다"라고 결론내렸습니다. 분명한 석방입니다. 하지만 그가 황제에게 상소했기에 거기로 보내져야 했습니다.

우리는 26장의 앞 절에서도, 바울의 석방이 문제가 아니라 청중들의 삶의 전환이 중요했음을 알 수 있었습니다. 이 경우 바울은 말 그대로 부끄러움 없이 자신의 주님을 증거 하는데 몰두했습니다. 그는 베스도나 왕의 권력, 그들의 휘황찬란한 보석 앞에서도 흔들리지 않았습니다. 초청받은 손님들의 훈장이나 월계관도 그를 짓누르지 못했습니다.

그는 로마의 성도들에게도 편지를 쓴 적이 있습니다.

"내가 복음을 부끄러워하지 않습니다. 이 복음은 유대 사람들을 비롯하여 그리스 사람에 이르기까지, 모든 믿는 사람을 구원하는 하나님의 능력입니다." (롬1:16)

바울은 자신의 고백으로 소수 그룹에 속했습니다. 그가 어디로 가든지 도처에 멸시와 조롱이 있었습니다. 이후 로마의 대관식에 한 학생이 십자가상의 당나귀 그림을 새겨넣을 겁니다. 그 아래에는 '알렉사메노가 그의 하나님께 기도하다'라고 쓰어있을 겁니다.

그렇습니다. 우리는 '주님 때문에 바보'입니다. 우리는 치욕을 짊어진 사람을 섬깁니다. (히13:13)

예수님을 따르는 사람들은 권세자나 부자, 이 세상의 똑똑한 사람들에 대해 그렇게 좋은 카드를 갖고 있지 못합니다. 하지만 우리가 부끄럽지 않게 선포하는 이 복음의 위력을 알고 있습니다. 추근거리지는 않지만 우리는 그것에 대해 간절히 말합니다.

우리는 우리가 해야 할 말을 하나님의 성령이 말하도록 해야 합니다. 위험한 순간이나 혹독한 갈등 속에도, 세례일이나 호스피스 침대에서도, 가족 모임이나 회사에서도 그렇게 해야 합니다. 우리는 예수님, 십자가 지신 그분을, 정말 전혀 '부끄러워 하지 않고' 따라야 합니다. (막8:34~38·고전1:23~25·2:2)

"여러분 가운데에 아무도 살인자나 도둑이나 악을 행하는 자나 남의 일을 간섭하는 자로서 고난을 당하는 일이 없도록 하십시오." (벧전4:16)

3월 5일 QT
(어제까지 사도행전 묵상하였고, 오늘부터는 시편 30편 "주님, 당신은 나를 깊은 수렁에서 건지셨나이다" 묵상에 들어갑니다.)

"주님, 주님께서 나를 수렁에서 건져주시고, 내 원수가 나를 비웃지 못하게 해주셨으니, 내가 주님을 우러러 찬양하렵니다. 주, 나의 하나님. 내가 주님께 울부짖었더니, 주님께서 나를 고쳐주셨습니다. 주님, 스올에서 이 몸을 끌어 올리셨고, 무덤으로 내려간 사람들 가운데서, 나를 회복시켜주셨습니다. 주님을 믿는 성도들아, 주님을 찬양하여라. 그 거룩한 이름을 찬양하여라. 주님의 진노는 잠깐이요, 그의 은총은 영원하니, 밤새도록 눈물을 흘려도, 새벽이 오면 기쁨이 넘친다. 내가 편히 지낼 때에는 '이제는 영원히 흔들리지 않겠지' 하였지만, 아, 태산보다 더 든든하게 은총으로 나를 지켜 주시던 주님께서 나를 외면하자마자 나는 그만 두려움에 사로잡히고 말았습니다. 주님, 내가 주님께 부르짖었고, 주님께 은혜를 간구하였습니다. 내가 죽은 들 주님께 무슨 유익이 되겠습니까? 내가 죽어 구덩이에 던져지는 것이 주님께 무슨 유익이 되겠습니까? 한 줌의 티끌이 주님을 찬양할 수 있습니까? 한 줌의 흙이 주님의 진리를 전파할 수 있습니까? 주님, 귀를 기울이시고 들어 주십시오. 나에게 은혜를 베풀어 주십시오. 주님, 주님께서 나를 돕는 분이 되어 주십시오. 주님께서는 내 통곡을 기쁨의 춤으로 바꾸어 주셨습니다. 나에게서 슬픔의 상복을 벗기시고, 기쁨의 나들이옷을 갈아 입히셨기에 내 영혼이 잠잠할 수 없어서, 주님을 찬양하렵니다. 주 나의 하나님, 내가 영원토록 주님께 감사를 드리렵니다." (시30:1~12)

우리의 일상은 매우 변화무상합니다. 이것은 우리의 심신 상태에도 영향을 미쳐왔습니다. 많은 날 우리는 확실한 기대감으로 우리 앞에 놓인 시간을 기대와 위로를 가지고 바라봅니다. 아마 우리도 다윗 같이 "나의 임금님이신 하나님, 내가 주님을 높이며, 주님의 이름을 영원토록 송축하렵니다"(시145:1)와 같이 감사하며 기도할 것입니다.

하지만 우리는 힘없고 슬프며 불안하며 탈진함을 느끼는 그런 날들도 알고 있습니다. 그런 시간에도 다윗의 경험은 우리에게 도움이 될 수 있을 것입니다. 즉 그는 끔찍할 정도로 이 '깊은 수렁'을 경험했는데, 그때에는 일시적으로 하나님의 진노에 놀라며 바라봅니다.

하지만 다윗은 하나님이 그를 그곳에 그냥 떨어지게 내버려 두지 않는다는 것을 확신하고 있습니다. 경박한 부주의와 거짓된 자신감에도 불구하고 말입니다.

다윗은 자기 불의 곁에 서서 어떤 것도 미화하지 않습니다. 그의 자백은 그를 깊은 수렁에서 건져내어 하나님의 넓은 팔로 이끕니다. 다른 시편 노래에서처럼 다윗은 이러한 해방을 노래합니다.

"내가 주님을 부르면, 원수들이 뒷걸음쳐 물러갈 것입니다. 하나님은 나의 편이심을 나는 잘 알고 있습니다." (시56:9)

아마도 오늘 우리에게 전망이 밝을 수 있습니다. 아마 죄가 우리 삶을 짓누를 수도 있고, 아니면 우리가 여러 문제와 싸워야 하고 고뇌와 고통을 견뎌야 할지도 모릅니다.

오늘이 밝거나 혹은 어두울지라도 "큰 물소리보다 더 크시고 미친 듯이 날뛰는 물결보다 더 엄위하신 주님, 높이 계신 주님은 더욱 엄위하십니다"(시93:4)라는 말씀은 여전히 우리에게 머물러 있습니다.

그의 귀에 우리의 기도 제목을 놓고 '주여, 내가 회개하도록 도우소서. 나를 다시 일으키시고 기쁨을 가지게 하시고 당신은 말씀으로 나를 위로 하소서. 나에게 힘과 용기, 또 새로운 기쁨, 신뢰 가득한 마음을 주소서'라고 간구할 수 있습니다. 그러한 간구는 시편 119편의 기도자가 자기 하나님에게 열 번이나 넘게 이런 말로 간구하고 있습니다. (시119:25·37·40·50·88·93·107·149·154·156·159)

"내 영혼이 진토 속에 뒹구니, 주님께서 약속하신 대로, 나에게 새 힘을 주옵소서." (시119:25)

"주님, 내가 받는 고난이 너무 심하니, 주님께서 약속하신 대로 나를 살려 주십시오." (시119:107)

3월 6일 QT

"주님, 주님께서 나를 수렁에서 건져주시고, 내 원수가 나를 비웃지 못하게 해주셨으니, 내가 주님을 우러러 찬양하렵니다."(시 30:1)

시편 30편에서 다윗은 하나님이 그를 죽음의 위험에서 건져내셨다고 말하고 있습니다. 이것이 그를 감사하게 했고(1~5절) 자기 죄를 고백하도록 했으며(6-7) 간구함으로 하나님께 나아가도록 했으며(8-10절) 하나님의 선하심을 증거 하도록 하고 있습니다.(11-12)

① 다윗의 감사
"주님, 주님께서 나를 수렁에서 건져주시고, 내 원수가 나를 비웃지 못하게 해주셨으니, 내가 주님을 우러러 찬양하렵니다."

압도하는 감사, 환호하는 기쁨이 다윗의 마음에서 솟아납니다. 우리는 그가 말하는 이 수렁뒤에 무엇이 숨겨져 있는지 정확히 알지는 못합니다. 2절에는 심하게 아픈 시기가 가까이에 있지만, 1절에는 자기 삶을 지옥으로 만든 '적들'에 대해 반복해서 말합니다.

사람들은 얼마나 연약하고 불안하며, 도움을 받지 못하고 거기에 거저 주저앉아 있습니까? 하지만 기도하는 사람을 의기소침하도록 하는 게 많이 있지만, 하나님은 그를 수렁에서 그냥 죽게 내버려 두지 않았다는 것입니다.

다윗은 독자에게 자기 경험을 말하기 위해 매우 생생한 그림을 사용하고 있습니다. 즉 항아리에서 물 한 바가지를 퍼 올리는 것 같이, 주님이 나를, 도움이 필요한 수렁에서 건져 올리신다고 묘사하고 있습니다.

다윗은 자기 원수들이 그의 생명 다하기를 헛되게 바라고 있다고 그립니다.

하지만 하나님이 이 원수들을 대적하며 나아갑니다. 다윗은 종국에는 그들 손에 절망적으로 넘어가지 않는데, 하나님이 그를 지키고 있기 때문입니다. 하나님이 그를 눈동자처럼 지키고 있습니다.

반복해서 다윗은 시편에서 자기가 길을 잃은 상황이었을 때, 하나님이 개입하셨음을 보고 합니다.

"주님께서 나를 멸망의 구덩이에서 건져주시고, 진흙탕에서 나를 건져주셨네. 내가 반석을 딛고 서게 해주시고 내 걸음을 안전하게 해 주셨네." (시40:2)

실제로 그렇습니다. 하나님이 우리 편이 되시면 그 누구도 우리를 대적하지 못합니다. (롬8:31~39, 시118:6)

"야곱의 하나님을 자기의 도움으로 삼고 자기의 하나님이신 주님께 희망을 거는 사람은, 복이 있다." (시146:5)

3월 7일 QT

"주님, 주님께서 나를 수렁에서 건져주시고, 내 원수가 나를 비웃지 못하게 해주셨으니, 내가 주님을 우러러 찬양하렵니다." (시 30:1)

다윗만이, 그가 '죽은 자의 세계'나 '웅덩이'로 묘사한 수렁에서, 끔찍하고도 생명을 위협하는 불안을 가진 게 아닙니다. 요셉에 대해서도 우리가 알 수 있는 게, 자기 형들이 증오심에서 그를 웅덩이에 빠뜨렸습니다. 이 젊은이의 심정은 어떠했을까요? 어떤 생각이 생명의 불안 속에 있는 그를 괴롭혔을까요?

하지만 살아계신 하나님은 그를 지키셨습니다.

하나님은 요셉과 또 그의 가족에 대한 계획을 갖고 계셨습니다. 그래서 하나님은 이집트로 지나가고 있는 한 상인에게 형제들의 눈을 돌리게 했습니다. 이 이스마엘 후손 상인에게 그들은 동생을 은 20 세겔을 받고 팔았습니다. 이 얼마나 저급하고 악의적인 처신입니까?

궁정 재정 장관 보디발의 집에서의 혹독한 시험 속에서 요셉은 자신을 지켜야만 했습니다. 하나님은 요셉에게 자유를 주시고 그를 자기 백성들의 구원자로 사용하셨습니다.

바로 그러한 세월의 경험을 요셉은 다음과 같이 요약하고 있습니다.

"요셉은 '하나님의 온갖 고난과 아버지 집 생각을 다 잊어버리게 하셨다'라고 하면서, 맏아들 이름을 므나세라고 지었다. 둘째는 '내가 고생하던 이 땅에서, 하나님이 자손을 번성하게 해주셨다'라고 하면서, 그 이름을 에브라임이라고 지었다." (창41:51~52)

"스올의 줄이 나를 동여 묶고, 죽음의 덫이 나를 덮쳤다. 내가 고통 가운데서 주님께 부르짖고 나의 하나님을 바라보면서 살려달라고 부르짖었더니, 주님께서 그의 성전에서 나의 간구를 들으셨다. 주님께 부르짖은 나의 부르짖음이 주님의 귀에 다다랐다. … 주님께서 높은 곳에서 손을 내밀어 나를 움켜잡아 주시고, 깊은 물에서 나를 건져주셨다 … 이렇게 나를 좋아하시는 분이시기에, 나를 넓고 안전한 곳으로 데리고 나오셔서, 나를 살려주셨다." (시18:5·6·16·19)

3월 8일 QT

"주님, 주님께서 나를 수렁에서 건져주시고, 내 원수가 나를 비웃지 못하게 해주셨으니, 내가 주님을 우러러 찬양하렵니다. 주, 나의 하나님. 내가 주님께 울부짖었더니, 주님께서 나를 고쳐주셨습니다. 주님, 스올에서 이 몸을 끌어 올리셨고, 무덤으로 내려간 사람들 가운데서, 나를 회복시켜 주셨습니다." (시30:1~3)

"주님, 주님께서 나를 수렁에서 건져주셨으니, 내가 주님을 우러러 찬양하렵니다."

선지자 이사야는 하나님의 심부름으로 히스기아 왕에게 다음과 같이 말할 수밖에 없었습니다.

"너의 집을 주문하라. 왜냐면 네가 살지 못하고 죽게 될 것이기 때문이다."

이 좋지 못한 소식을 듣고 너무 놀라 히스기아는 그의 하나님께 기도했습니다.

"주님, 주님께 빕니다. 제가 주님 앞에서 진실하게 살아온 것과, 온전한 마음으로 순종한 것과, 주님 보시기에 선한 일 한 것을, 기억하여 주십시오." 이렇게 기도하고 나서, 히스기아는 한참 동안 흐느껴 울었다.

그런데 왠 선물입니까? 하나님이 그의 부르짖음을 들으시고 그를 낫게 해주십니다! 그의 감사의 노래에서 히스기아는 우선 처음에는 가련한 정황을 기록하다가 곧 그의 맘속에 찬양과 기원을 쏟아놓습니다.

"목동이 장막을 거두어서 자리를 옮기듯이, 나의 생명도 장막처럼 뜯겨서 옮겨질 것이다. 베 짜는 사람이 베를 다 짜면 베틀에서 베를 거두어서 말듯이, 나도 나의 목숨을 다 짠 베처럼 말아야 할 것이다. 주님께서 조만간에 내 목숨을 끊으실 것이다. … 주님께서 이 몸을 멸망의 구덩이에서 건져주시고, 주님께서 저의 모든 죄를 용서하십니다. … 주님, 주님께서 저를 낫게 하셨습니다. 우리가 수금을 뜯으며, 주님을 찬양하겠습니다. 사는 날 동안, 우리가 주님의 성전에서 주님을 찬양하겠습니다." (사 38:12·17·20)

욥도 밤이 그를 둘러싸고 고뇌와 슬픔이 그를 수렁에 처넣을 때 하나님의 만지심을 체험하게 됩니다.

"하나님이 나를 무덤에 내려가지 않게 구원해 주셨기에, 이렇게 살아서 빛을 즐기게 되었습니다." (욥33:28)

작가 요헨 클레페는 히틀러 정권에 의해 고통당하는 시기에 심원한 노래를 기록했습니다.

"밤은 물러갑니다. 이제 낮이 머지않습니다. 밝은 아침 별의 노래를 합니다. 밤에 우는 사람은 이제 기쁘게 함께 노래합니다. 샛별은 당신의 불안과 고통을 밝게 비춥니다."

우리는 우리의 어두운 시간에 이러한 격려를 가져다 놓습니다!

"내가 간절히 주님을 기다렸더니, 주님께서 나를 굽어보시고, 나의 부르짖음을 들어 주셨네. 주님께서 나를 멸망의 구덩이에서 건져주시고, 진흙탕에서 나를 건져주셨네. 내가 반석을 딛고 서게 해주시고 내 걸음을 안전하게 해 주셨네." (시 40:1-2)

3월 9일 QT

"주님, 주님께서 나를 수렁에서 건져주시고, 내 원수가 나를 비웃지 못하게 해주셨으니, 내가 주님을 우러러 찬양하렵니다. 주, 나의 하나님. 내가 주님께 울부짖었더니, 주님께서 나를 고쳐주셨습니다. 주님, 스올에서 이 몸을 끌어 올리셨고, 무덤으로 내려간 사람들 가운데서, 나를 회복시켜 주셨습니다." (시30:1~3)

하나님의 적들은 다윗에 대해 무엇을 말하고 싶어 했습니까? 아마도 그들은 "그는 하나님을 떠났다"고 생각했거나 "이제 당신의 하나님은 어디 있는가?"(시42:4하)라고 물을지도 모릅니다.

적들은 병의 원인을 찾고 다윗에게 다가오는 죽음을 기뻐하며 마주 봅니다. 그러면 다윗은 어떻게 반응합니까?

다윗은 그의 전적 부족함을 인정하고 자신을 하나님 품에 안기고 하나님의 개입하심을 체험하게 됩니다. 다윗이 자신의 기도 제목을 주님 앞에 펼쳐놓고 자신의 믿음을 다음과 같이 표현한 것은 그의 기도 실천에 속합니다.

"나의 하나님, 내가 주님께 의지하였으니, 내가 부끄러움을 당하지 않게 하시고 내 원수가 나를 이기어 승전가를 부르지 못하게 해주십시오. 주님을 기다리는 사람은 수치를 당할 리 없지만, 함부로 속이는 자는 수치를 당하고야 말 것입니다." (시25:2~3상)

미가 선지자 경우도 소유욕, 집행처의 오류, 많은 선지자의 뇌물 등이 그를 짓눌렀고 그래서 그는 하나님께로 눈을 향합니다. 그의 적들이 자기 잘못에 그렇게 승리를 구가할 때, 그는 길을 잃지 않고 다음과 같이 기도했습니다.

"그러나 나는 희망을 지니고 주님을 바라봅니다. 나를 구원하실 하나님을 기다립니다. 내 하나님께서 내 간구를 들으십니다. 내 원수야, 내가 당하는 고난을 보고서, 미리 흐뭇해하지 말아라. 나는 넘어져도 다시 일어난다. 지금은 어둠 속에 있지만, 주님께서 곧 나의 빛이 되신다." (미7:7~8)

어떤 삶이 어렵거나 개인적 인격 결함 혹은 시험이 우리를 깊은 심연으로 빠지게 하려고 하지만, 하나님은 우리가 어둠 속에 가라앉도록 내버려 두시지 않습니다. 하나님께 속한 그 사람에 대해 다윗은 다음과 같이 확신합니다.

"어쩌다 비틀거려도 주님께서 우리의 손을 잡아주시니, 넘어지지 않습니다." (시37:24)

"천지를 지으신 주님이 우리를 도우신다." (시124:8)

3월 10일 QT

"주, 나의 하나님. 내가 주님께 울부짖었더니, 주님께서 나를 고쳐주셨습니다. 주님, 스올에서 이 몸을 끌어 올리셨고, 무덤으로 내려간 사람들 가운데서, 나를 회복시켜 주셨습니다." (시30:2~3)

얼마나 자주 불안들이 내 삶 속으로 기어들어 오는 지요. 그것들은 우리를 짓누르고 절뚝거리게 합니다. 시험에 대한 불안, 새로운 임무나 우리가 감당할 수 없는 요구에 대한 불안, 어려운 결단이나 만남, 병에 대한 불안, 미래에 대한, 늙어감에 대한, 혼자되는 데 대한 불안이 있습니다.

다윗은 자기 불안에 어떻게 대처하나요?

망설임 없이 다윗은 '하늘의 센터'를 향합니다. 그에게 이 길은 아무도 만들어 줄 수 없습니다.

"내가 고통 가운데서 주님께 부르짖고, 나의 하나님을 바라보면서 부르짖었더니, 주님께서 그의 성전에서 나의 간구를 들으셨습니다. 주님께 부르짖은 나의 부르짖음이 주님의 귀에 다다랐습니다." (삼하22:7)

다윗은 매우 불안한 마음을 주님 앞에 쏟아놓습니다. 늘 계속해서 다시 쏟아놓습니다.

네덜란드 크리스천인 코리 텐 봄(1892~1983)은 나치 시대 지하조직을 만들어 수많은 유대인을 대학살로부터 구했는데, 그녀는 이렇게 기록하고 있습니다.

"밤에 당신은 깨어 잠 못 이루고, 두려움의 불안을 지니고 있습니까? 그렇다면 시편 기자가 하는 말을 들어보십시오. '너희 짐을 주님께 맡겨

라. 주님이 너희를 붙들어 주실 것이니, 주님은, 의로운 사람이 망하도록, 영영 그대로 버려두지 않으실 것이다.'(시55:22)"

그리고 하나님은 다른 곳에서도 말씀하십니다.

"나의 하나님께서 자기의 풍성하심을 따라 그리스도 예수 안에 있는 영광으로 여러분에게 필요한 것을 모두 채워 주실 것입니다." (빌4:19)

"주님께서 친히 말씀하시기를 내가 결코 너를 떠나지도 않고, 버리지도 않겠다"라고 하셨습니다. 그래서 우리는 담대하게 이렇게 말합니다.

"주님께서는 나를 도우시는 분이시니, 내게는 두려움이 없다. 누가 감히 내게 손댈 수 있으랴?" (히13:5하~6)

불안은 어제의 걱정을 떨쳐내지 못하고 내일의 문제를 해결하지 못하며 오늘 필요한 힘까지 앗아갑니다.

그래서 우리는 오늘 우리의 주님을 믿으려고 합니다.

"주님께서 높은 곳에서 손을 내밀어, 나를 움켜 잡아주시고, 깊은 물에서 나를 건져주셨습니다." (삼하 22:17)

3월 11일 QT

"주님을 믿는 성도들아, 주님을 찬양하여라. 그 거룩한 이름을 찬양하여라." (시 30:4)

다윗의 마음은 체험하고 있는 도움에 대한 감사로 가득 차 있습니다. 그래서 그는 주님께 그의 놀라운 업적에 감사하도록 다른 믿는 사람을 초대하고 있습니다. 다른 시편 기도자들도 하나님을 찬양하는 동인으로 하나님이 하신 일을 가져옵니다. 이것은 전심으로(시9:1, 86:11,139:14), 항상 (시30:12·44:8·52:10), 모든 백성 앞에서 (시18:50·57:10), 모두 모여 (시35:17), 악기를 동반하여 (시43:4·71:22) 일어납니다.

우리는 하나님께 찬양하는 것이 얼마나 중요한가를 이러한 여러 측면에서 알 수 있습니다. 무엇 때문일까요?

"나와 함께 주님을 높이자. 모두 함께 그 이름을 기리자. 내가 주님을 찾았더니, 주님께서 나에게 응답하시고, 내 모든 두려움에서 나를 건져내셨다." (시34:3~4)

공통적인 중보기도뿐 아니라, 하나님의 충실하심, 그의 지키심, 그의 화평에 대한 공통적 감사 등이 우리 중심에 자리해야 합니다. 우리가 누구나 하나님의 많은 도우심과 그의 기적을 발견하는 여행을 떠난다면, 우리는 밑으로 잡아당기는 모든 것에 반대되는 강력한 힘을 가집니다. 함께 찬양하는 것은 정말 '위로' 이끌고, 우리는 다시 숨을 크게 쉴 수 있는 겁니다.

"하나님 찬양은 맘을 기쁘게 합니다! 어두운 생각들은 맘을 흔듭니다. 하나님 찬양은 기쁘게 만듭니다. 하나님 찬양은 자유롭게 하고 극복하도록 도우며 불안을 사라지게 합니다. 하나님 찬양은 자유롭게 합니다. 하나님 찬양은 하루를 견디게 하며 앞으로 나아가게 합니다. 하나님 찬양은 용기를 줍니다. 하나님 찬양은 풍요롭게 하고 하나님을 신뢰하게 하며 하나님 위에 세웁니다. 하나님 찬양은 풍요롭게 합니다. 하나님 찬양은 좋은 일이며 돌밭 길 위에서 상하지 않도록 지켜주십니다. 하나님 찬양은 좋습니다. 하나님 찬양은 생명수를 나오게 하시며 하나님께 가까이 있는 사람에게는 부족함이 없을 것입니다." (H. Winkel)

"주님께서 영광스러운 일을 하셨으니, 주님을 찬송하여라. 이것을 온 세계에 알려라." (사12:5)

3월 12일 QT

"주님의 진노는 잠깐이요, 그의 은총은 영원하니, 밤새도록 눈물을 흘려도, 새벽이 오면 기쁨이 넘친다." (시30:5)

"주님의 진노는 잠깐이요, 그의 은총은 영원하다."
'진노의 순간'과 '하나님의 영원한 은총' 사이에는 정말 하늘 넓은 만큼 거리가 있습니다.
우리는 이러한 관찰을 이사야서에서도 발견할 수 있습니다.
"분노가 북받쳐서 나의 얼굴을 너에게서 잠시 가렸으나 나의 영원한 사랑으로 너에게 긍휼을 베풀겠다. 너의 속량자인 나 주의 말이다." (사54:8)

하나님이 우리에게 진노를 내리시는 것은 당연하다고 할 수 있습니다. 우리 인류는 시대마다 하나님 존재를 부인해 왔기 때문입니다. 적지 않은 사람들이 현재에도 하나님에 대해 냉소적이며 싸늘한 어깨만을 보여줄 뿐입니다. 그가 제공해 주신 선한 것들은 발에 밟힐 뿐입니다. 모든 윤리적 가치 척도를 무시하는 것이 일상이 되어버렸습니다. 사람들은 자유로운 생각을 가지고 뻐기고, 이 생각은 자신들의 쾌락 원칙에 따라 방향을 정합니다. 기독교 영역에까지 하나님 뜻에 무관심함이 우리 생활에 나타납니다.

다윗이 하나님의 일시적인 진노에 하나님의 평생의 은총을 대비시키는 것은, 죄를 합리화하고 죄인에게 면죄부를 주려는 것이 아닙니다. 다윗은 오히려 하나님의 위대한 자비함을 높이려 하고 이것을 가지고서 자기 죄에 굴복하고 죄를 신봉하는 그러한 사람을 마주 보며 나아갑니다.

다윗 왕은 이 길을 택해 갔습니다. 우리는 그의 기도 말을 우리의 것으로 만들 수 있습니다.

"하나님, 주님의 한결같은 사랑으로 내게 자비를 베풀어 주십시오. 주님의 크신 긍휼을 베푸시어 내 반역죄를 없애주십시오. 나의 반역을 내가 잘 알고 있으며, 내가 지은 죄가 언제나 나를 고발합니다. … 아, 하나님, 내 속에 깨끗한 마음을 창조하여 주시고 내 속을 견고한 심령으로 새롭게 하여 주십시오. 주님께서 베푸시는 구원의 기쁨을 내게 회복시켜 주시고, 내가 지탱할 수 있도록 내게 자발적인 마음을 주십시오." (시 51:1~3·10~11)

"지금 우리가 겪는 일시적인 가벼운 고난은, 비교할 수 없을 정도로 영원하고 크나큰 영광을 우리에게 이루어 줍니다. 우리는 보이는 것을 바라보는 것이 아니라, 보이지 않는 것을 바라봅니다. 보이는 것은 잠깐이지만, 보이지 않는 것은 영원하기 때문입니다." (고후4:17~18)

3월 13일 QT

"주님의 진노는 잠깐이요, 그의 은총은 영원하니, 밤새도록 눈물을 흘려도, 새벽이 오면 기쁨이 넘친다." (시30:5)

하나님의 은총은 영원한 은총입니다. 주님은 자비로움을 단언컨대 멈추지 않으십니다. 그래서 자비와 충직함이 너를 떠나지 않으리라는 것을 믿으십시오.

얼마나 많은 동요를 우리는 이미 경험했습니까! 또 아직도 얼마나 많은 동요가 오게 될까요?

"하지만 비록 산들이 옮겨지고 언덕이 흔들린다 하여도, 나의 은총이 너에게서 떠나지 않으며, 평화의 언약을 파기하지 않겠다. 너를 가엾게 여기는 주님께서 하시는 말씀이다"(사54:10)라는 주님의 말씀은 유효합니다. 이것이야말로 엄청난 언약입니다!

다윗은 유명한 목자 시편으로 절정을 이루며 끝을 맺고 있습니다.

"진실로 주님의 선하심과 인자하심이 내가 사는 날 동안 나를 따르리니, 나는 주님의 집으로 돌아가 영원히 그곳에서 살겠습니다." (시23:6)

모세, 마리아, 바울은 하나님의 은총을 늘, 그리고 놀라운 방법으로 체험한, 성경의 많은 인물 중 대표적인 사람들입니다.

하나님께서 모든 사람에게 베푸시는 은총은 우리 각 개개인에게도 역시 적용됩니다.

오늘, 내일, 모레, 그리고 평생 하나님 은총은 베풀어집니다.

우리는 우리 일상 속에서도 어떤 순간에도, 어떤 임무에서도 주님의 은 종이 필요합니다.

"우리는 모두 그의 충만함에서 선물을 받되, 은혜에 은혜를 더하여 받았다." (요1:16)

다윗은 자기 시편에서 5절 상반절과 반대되는 말을 하고 있습니다.

"밤새도록 눈물을 흘려도, 새벽이 오면 기쁨이 넘친다." (시30:5하)

"근심이란 밤에 우리 집에서 숙소를 찾는 손님에 비교할 수 있습니다. '아침에는' 우리가 보기에 더 좋은 자리, 즉 '환호'를, 손님에게 가져다줍니다." (B. Peters)

그 손님이 우리 집에 하룻밤보다 더 오래 있을 수도 있습니다. 우리 집에서 그는 계속 거할 새로운 잠자리를 찾습니다. 그래서 눈물이 마지막인 것은 아닙니다. 기쁨이, 고통 속 기쁨이라도 우리에게 들어와 유지되고 있습니다.

"날마다 나의 문을 지켜보며, 내 문설주 곁에 지키고 서서, 내 말을 듣는 사람은 복이 있다. 나를 얻는 사람은 생명을 얻고, 주님께로부터 은총을 받을 것이다." (잠8:34~35)

3월 14일 QT

"내가 편히 지낼 때는 '이제는 영원히 흔들리지 않겠지'라고 하였지만, 아, 태산보다 더 든든하게 은총으로 나를 지켜주시던 주님께서 나를 외면하시자마자 나는 그만 두려움에 사로잡히고 말았습니다." (시30:6~7)

② 다윗의 죄 고백

"내가 편히 지낼 때는 이제는 영원히 흔들리지 않겠지!"

다윗은 그가 위험에 처하고 흔들린다고 고백하고 있습니다. 나에겐 아무 일도 일어나지 않는다는 생각을 하고 걱정 없이 승리를 확신하며 사는 성공적이고 행복한 시간이 있었습니다.

시편 10편 6절에도 그들의 가볍고도 우쭐한 태도를 숨기지 않고 하나님 없이 자신의 삶을 정복하려는 사람들을 묘사하고 있습니다. 하나님 없는 사람은 "이제는 영원히 흔들리지 않겠지"라고 말합니다.

솔로몬 왕은 "교만에는 멸망이 따르고, 거만에는 파멸이 따른다"(잠 16:18하)라는 간략한 말로 못을 박습니다. 우리가 잘 지내는 날에도 허탈함과 자기만족의 위험이 숨겨져 있습니다. 사람들은 자기를 과대평가하고 교만하고 우쭐합니다.

제자 베드로의 젊은 삶에도 자신의 의지력 아래서 확신을 지니고 자기 주님께 "모두가 당신을 배반할지라도 나는 결단코 그러지 않겠습니다!"라고 하던 시기가 있었습니다. 하지만 이러한 지나친 자기 과신이 얼마나 가련하게 끝나는지요!

하나님은 교만함을 흘려듣지 아니하시고 지나치지 않습니다. 특히 자신의 자녀들도요. 하나님은 그들의 부족함을 명확히 알게 하십니다.

그는 겸손한 자에게 자신의 은총을 베푸시길 원하기 때문입니다.

시편 30편에서 다윗은 하나님 앞에 엎드리고 동시에 신뢰하면서 그를 붙들고 있는 것을 볼 수 있습니다. 그는 비통해하며 머물러 있지 않고 놀라 서 있습니다.

"주님께서 나를 외면하시면 나는 그만 두려움에 사로잡히고 맙니다. 오 주님, 당신께 부르짖습니다."

그는 자신의 하나님을 당연히 알고 있고, 하나님이 나에게 노하실지라도 나를 멸하지 않고 나를 이끌어 주신다는 것을 알고 있습니다. 나를 새롭게 이끌어 주십니다.

주님은 나의 목자 되시고 여전히 목자로 머무십니다. 그는 나의 영혼을 소생시키십니다!

"그렇다고 서 있다고 생각하는 사람은 넘어지지 않도록 조심하십시오." (고전10:12)

3월 15일 QT

"주님, 내가 주님께 부르짖었고, 주님께 은혜를 간구하였습니다. 내가 죽은들 주님께 무슨 유익이 되겠습니까? 내가 죽어 구덩이에 던져지는 것이 주님께 무슨 유익이 되겠습니까? 한 줌의 티끌이 주님을 찬양할 수 있습니까? 한 줌의 흙이 주님의 진리를 전파할 수 있습니까? 주님, 귀를 기울이시고 들어 주십시오. 나에게 은혜를 베풀어 주십시오. 주님, 주님께서 나를 돕는 분이 되어 주십시오." (시30:8~10)

③ 다윗의 부탁

"주님, 내가 주님께 부르짖었고, 주님께 은혜를 간구하였습니다."

주님을 진지하게 부르는 것, 이것이 그에게로 돌아가는 길입니다. 다윗의 경우 구덩이나 엄청난 궁핍으로부터의 외침이었습니다. 잠시 하나님은 다윗으로부터 물러나, 그것에 대해 다윗은 격렬히 놀랍니다. 하지만 그것은 거룩한 깨우침이었습니다. 그리고 하나님은 그의 도움의 외침을 흘려듣지 않았습니다. 이 길은 우리에게도 언제든지 열려있습니다.

때때로 하나님은 우리 삶에 고뇌와 궁핍을 허락하시는 게, 우리가 어디에 있는지를 알고 우리가 하나님에게서 멀리 떨어져 있는지 아닌지 알도록 위함입니다. 그런 시간에는 우리가 하나님 앞에 조용히 나아가거나, 혹시 기도를 다시 배우는 것도 좋습니다.

우리가 도움을 구하면 우리는 새로이 예수님께로 가까이 이끌리게 됩니다. 그러면 우리 삶의 어려움도 인격적이고 영적인 이득으로 바뀌게 됩니다.

"주님께서 이 몸을 멸망의 구덩이에서 건져주시고, 주님께서 저희 모

든 죄를 용서하십니다." (사38:17)

9절, "내가 죽은들 주님께 무슨 유익이 되겠습니까? 내가 죽어 구덩이에 던져지는 것이 주님께 무슨 유익이 되겠습니까? 한 줌의 티끌이 주님을 찬양할 수 있습니까? 한 줌의 흙이 주님의 진리를 전파할 수 있습니까?"에서 다윗은 매우 대담하게 기도합니다.

사람들은 이 말에서 숨을 거의 멈출 정도입니다. 하나님은 다윗의 기도를 들으시고 그를 도와주십니다. 다윗은 하나님이 영광 받으시기를 원합니다. 미래에도 역시 그의 삶이 그렇게 섬겨지길 원합니다. 그래서 그는 감히 자기 삶을 간구하는 것입니다.

"주여, 내 기도를 들으시고 나에게 자비를 베푸소서! 주여, 나의 조력자가 되어주소서!"

자신에 만족하는 자는 하나님을 찬양할 수 없습니다. 하지만 하나님께 속하고 깊은 수렁에서 건짐을 받은 구원자는 하나님을 찬양할 수 있습니다.

"주님, 내 소리를 들어 주십시오. 나의 애원하는 소리에 귀를 기울여 주십시오." (시130:2)

"내가 주님을 기다립니다. 내 영혼이 주님을 기다리며 내가 주님의 말씀만을 바랍니다." (시130:5)

3월 16일 QT

"주님께서는 내 통곡을 기쁨의 춤으로 바꾸어 주셨습니다. 나에게서 슬픔의 상복을 벗기시고, 기쁨의 나들이 옷으로 갈아 입히셨기에 내 영혼이 잠잠할 수 없어서, 주님을 찬양하렵니다. 주 나의 하나님, 내가 영원토록 주님께 감사를 드리렵니다." (시30:11~12)

④ 다윗의 증거

다윗은 매우 직접 하나님의 사랑스런 관심을 체험했습니다. 하나님의 간섭하심이 그에게 너무나 강렬해서 그는 이 경험을 아주 강한 대비적 표현으로 새롭게 나타내고 있습니다.

"주님께서는 내 통곡을 기쁨의 춤으로 바꾸어 주셨습니다. 나에게서 슬픔의 상복을 벗기시고, 기쁨의 나들이 옷으로 갈아 입히셨습니다." (11절)

자기 죄 사함을 앎으로써 그의 마음은 감사와 기쁨으로 가득 찹니다. 그래서 그는 하나님의 영향과 자기 독자적 경험을 혼자 간직할 수가 없어 다음과 같이 노래합니다.

"내 영혼이 잠잠할 수 없어서, 주님을 찬양하렵니다. 주 나의 하나님, 내가 영원토록 주님께 감사를 드리렵니다." (시30:12)

우리는 다윗과는 달리, 예수님과의 관계에 대해 완전히 침묵할 수 있는 그런 사람에 속하고 있지는 않습니까? 예수님이 말씀하셨습니다:

"마음에 가득 찬 것을 입으로 말하는 법이다." (마12:34하)

우리가 예수님과 체험했던 것에 대해 말하는 것은, 다른 사람들의 마음을 움직여, 예수님에 대해서 묻고 또 그를 찾도록 하는 것입니다.

우리는 처음으로 아니면 완전히 새롭게 다음과 같이 기도할 수 있습니다.

"주님, 오늘 나에게, 자기 삶에서 변화를 갈구하고 당신이 만날 준비가 되어 있는 사람을 나에게 보여주십시오. 하나님 스스로가 우리를 이끌어 주신다고 약속하셨고 우리 입에 당신 말씀을 놓으셔서 우리는 불행하고 절망하고 지친 사람을 말로 격려할 수 있게 하십니다." (사50:4)

그는 우리 대화 파트너의 마음을 움직이시고 자기 말씀을 위해 마음을 오픈시킬 수 있습니다. 하나님은 우리가 생각하는 것보다 훨씬 더 많은 것을 하실 수 있기 때문입니다. 하나님은 그의 백성들에게 "내가 나의 말을 너의 입에 맡기고, 나의 손 그늘에 너를 숨겨 준다"(사51:16상)라고 약속하셨습니다.

"너희를 두고 계획하는 일들을 오직 나만이 알고 있다. 내가 너희를 두고 계획하고 있는 일들은 재앙이 아니라 번영이다. 너희에게 미래에 대한 희망을 주려는 것이다. 나 주의 말이다." (렘29:11)

3월 17일 QT

(어제까지 시편 30편 묵상이 끝나고, 오늘부터는 '모든 보물을 새로이 발견한다.'라는 주제로 호세아서 1장에서 3장까지를 묵상합니다. 그런데 이 글은 무려 102년 전 크리스타 피반이 썼습니다. 변함없는 하나님의 말씀, 시대가 변해도 지금 우리에게 전혀 낯설지 않습니다. 크리스타 피반은 아버지 피반 장군이 이 큐티 교재를 쓴 이후, 아버지의 뜻을 이어받아 계속 묵상집을 썼습니다. 그녀의 영적 통찰력과 깊이에 그저 탄복할 뿐입니다.)

"주님께서 브에리의 아들 호세아에게 주신 말씀이다. 때는 웃시야와 요담과 아하스와 히스기야 왕이 이어서 유다를 다스리고, 요아스의 아들 여로보암 왕이 이스라엘을 다스리던 때이다. 주님께서 처음으로 호세아를 시켜 이스라엘 사람에게 말씀하실 때, 주님께서는 호세아에게 다음과 같이 말씀하셨다. '너는 가서 음란한 여인과 결혼하여, 음란한 자식을 낳아라! 이 나라가 주를 버리고 떠나서 음란하게 살고 있기 때문이다.'" (호1:1~2)

호세아라는 이름은 '구원', 혹은 '구원자'라는 뜻입니다. 악한 시대의 위로할 만한 이름입니다. 호세아는 북이스라엘(10 부족 국가)에서 주전 785~725년 사이에 활동한 선지자로서, 이사야, 미가, 요엘, 아모스가 활동하던 시기와 부분적으로 겹칩니다. 그가 사역하던 시공간은 무엇보다도 남 유다(2 부족 국가)의 왕들과도 함께 한다는 점이 눈에 띕니다. 이로써 그는 다윗의 가문을 하나님이 선택하신 왕족으로 인정했습니다.

이스라엘 왕 중 그가 여로보암의 후계자를 경험했지만, 여로보암 2세만을 왕으로 불렀습니다. 이 후계자들이 실제 왕보다 왕 자리를 탈취한 자와 다르지 않았기 때문에, 호세아는 그들을 언급하지 않습니다. 주님의 종으로 부름을 받은 호세아는 '하나님의 거룩한 사람'에게는 어떤 혹독한 분위기를 나타내는 그런 임무로 시작합니다. 이 경우, 하나님께서 어떤 특별한 목표를 좇기도 하므로 어떤 예외가 있기도 한 것입니다.

하나님은 지금까지 불결한 삶을 살아온 한 여인과 결혼하라고 호세아에게 말합니다. 많은 번역이 호세아가 그녀의 아이들도 거두어들일 거라는 결론을 내리기도 합니다. 이 선지자는 하나님을 섬기려고 하면 자기 힘과 시간의 헌신뿐 아니라, 자신의 전 삶과 의지가 요구된다는 것을 체험하게 됩니다.

하나님 마음에 흡족한 진정한 사역은, 하나님의 종이 완전히 하나님 말씀 아래 자신을 놓을 때만 가능합니다. 간단히 말해, 자신의 마음을 하나님께로 다 드린 상태로 머물러 있을 때만 가능한 것입니다.

예수님도 "그러므로 이와 같이 너희 가운데서 누구라도, 자기 소유를 다 버리지 않으면, 내 제자가 될 수 없다"(눅14:33)고 말씀하십니다.

호세아는 고멜과의 결혼을 통해 이스라엘 백성 눈앞에 그들의 배신과 불결함을 보여줄 뿐 아니라, 하나님의 거룩하고 인내하고 또 이득을 주는 사랑과 은총을 보여주어야 했습니다. 이런 방법으로 하나님은 그들 속에서 참회의 요구를 일깨워 주시려고 합니다.

3월 18일 QT

"주님께서 브에리의 아들 호세아에게 주신 말씀이다. 때는 웃시야와 요담과 아하스와 히스기야 왕이 이어서 유다를 다스리고, 요아스의 아들 여로보암 왕이 이스라엘을 다스리던 때이다. 주님께서 처음으로 호세아를 시켜 이스라엘 사람에게 말씀하실 때, 주님께서는 호세아에게 다음과 같이 말씀하셨다. '너는 가서 음란한 여인과 결혼하여, 음란한 자식을 낳아라! 이 나라가 주를 버리고 떠나서, 음란하게 살고 있기 때문이다.' 호세아가 가서, 디블라임의 딸 고멜과 결혼하였다. 고멜이 임신하여, 호세아의 아들을 낳았다. 주님께서 호세아에게 말씀하셨다.' 그의 이름을 이스르엘이라고 하여라. 이제 곧 네가 예후의 집을 심판하겠다. 그가 이스르엘에서 살육한 죄를 물어서 이스라엘의 활을 꺾겠다.' 또 그 날에 내가 이스르엘 평원에서 이스라엘의 활을 꺾겠다." (호1:1~5)

하나님은 자신이 구원한 백성과의 관계에서 가깝고도 거룩한 결합을 보고 계시는데, 이것은 성경에서 항상 혼인언약으로 비유되고 있습니다.

하지만 이스라엘을 바라보면서 하나님은 "그들은 나에게 등을 돌리면서도, 얼굴을 돌리지 않고 있다"(렘2:27)고 탄식해야만 했습니다.

주님은 오늘날도 믿는 사람들에게 다음과 같이 꾸짖을 수밖에 없지 않겠습니까?:

"간음하는 사람들(영적인 의미로)이여, 세상과 벗함이 하나님과 등지는 일임을 알지 못하느냐? 누구든지 세상의 친구가 되려고 하는 사람은 하나님의 원수가 되는 것이다." (약4:4~5)

호세아 선지자가 자기 아이들에게 붙인 이름 자체가 이스라엘 전체에 해당하는 의미를 담고 있습니다. 어떤 사람은 그것을 '변절한 백성에 대한 하나님의 손가락을 세 번 올린 것'으로 비유하고 있습니다. 그것은 국민에 대한 심판을 알리는 것이었습니다.

첫 번째 난 아들은 '이스르엘'이라는 이름을 얻습니다. '이스르엘'에게는 하나님 없는 아합 왕과 우상 섬기는 이세벨의 여름 별장이 있었습니다. 그곳에는 하나님의 형벌이 아합 가문에 다다랐고 하나님의 그것을 결국 멸해버렸습니다. 이러한 심판의 실행을 위한 하나님의 도구로서 예후는 피를 쏟는 데 있어 하나님의 부탁을 넘어, 더 오버해 나아갔습니다. 이제 하나님은 그의 집안에 대한 심판을 알립니다.

예후 집안뿐 아니라 이스라엘 왕가도 곧 종말을 맞이하게 됩니다. 이 일은 앗시리아 왕이 나타나 사마리아를 점령하고 백성들을 포로로 잡아 앗시리아로 끌고 갔던 그때, 즉 선포된 지 50년 이후에 생깁니다. 이러한 방법으로 몇십 년 안에, 선지자 호세아의 첫 예언이 이루어지고 있습니다.

'이스르엘'은 '하나님이 뿌리시거나' 또는 '씨 뿌린다'를 의미합니다. 이 심판 역시 이스라엘에게도 이루어집니다. 하지만 그 이름 속에는 동시에, 우리가 호세아 1:9~10절에서도 보겠지만, 미래에의 은총이 숨겨져 있습니다.

3월 19일 QT

"고멜이 다시 임신하여 딸을 낳았다. 이 때에 주님께서 호세아에게 말씀하셨다. '그 딸의 이름은 로루하마라고 하여라. 내가 다시는 이스라엘 족속을 불쌍히 여기지도 않고, 용서하지도 않겠다.'" (호1:5)

이 선지자의 딸 이름은 로루하마인데, 이것은 '불쌍히 여기지도 않고', '용서하지 않는다'는 뜻입니다. 이것은 두려운 이름이고 끔찍한 심판 예고인 것이기 때문입니다.

"그 이유는 나는 더 이스라엘 집안에 긍휼을 베풀지 않겠고 그들에게서 나의 긍휼을 모조리 앗아갈 것이기 때문입니다."

하나님은 이스라엘의 죄와 우상숭배를 참으시고 계속 새로운 선지자를 보내주셔서 "악한 길에서 돌아서라"고 요구하심으로써, 하나님은 지금까지 이해할 수 없는 인내심과 자비를 이스라엘에 나타내셨습니다. 그런데도 그들은 귀를 막고, 굽히고 회개하는 대신 목을 더 곧게 해서, 결국 '더는 치유가 불가능한' 상황에 이르렀습니다.

여전히 참회를 외치고 용서를 제공하는 하나님의 은혜 시간은 오래 계속되었지만, 하나님 편에서 볼 때 그들의 끝은 변하지 않은 채 굳건히 있습니다. 이 끝이 왔다면 하나님께서는 어떤 자비도 어떤 은혜도 더 베풀지 않으셨습니다.

베푼 자비를 쓰지 않고 은혜의 기한이 지나가 버린다면 관용 없는 심판 외엔, 또 '반역자들을 삼킬 맹렬한 불'(히10:27하) 외엔 다른 어떤 것도 남아 있지 못합니다.

하나님의 심판 위협은 그의 은총 약속처럼 그렇게 안전하게 이루어지지 않습니다. 모든 민족으로 흩어졌고, 완고함에 몸을 내준 이스라엘 민족은 그에 대한 충격적인 증거입니다:

"진노가 결국 그들 위에 임한 것입니다."

예수님을 통해 하나님은 오늘도 역시 참회와 회개하도록 부르십니다. 하나님은 모든 사람에게 화해의 은총과 모든 죄의 용서를 하도록 부르십니다. 많은 사람은, 하나님의 진지한 날 중에서 펼쳐진 손을 잡고, 성령께서 행하시는 중생과 갱신을 통해 그리스도 안에서 새로운 사람이 되었습니다.

하지만 구원의 문이 닫힌 그 시간이 종 칠 수 있습니다. 그러면 이 경우 충격적인, "내가 그들에게서 나의 자비를 완전히 거두겠다"는 말씀은 진실이 됩니다.

3월 20일 QT

"그러나 유다 족속은 내가 불쌍히 여기겠다. 그들의 주, 나 하나님이 직접 나서서 그들을 구출하겠다. 그러나 내가 그들을, 활이나 칼이나 전쟁이나 군마나 기마병으로 구출하는 것이 아니다. 로루하마가 젖을 뗄 때, 고멜이 다시 임신하여 아들을 낳았다. 주님께서 말씀하셨다. '그의 이름을 로암미라고 하여라. 너희가 나의 백성이 아니며, 나도 너희의 하나님이 아니기 때문이다.'" (호1:7~9)

이스라엘과는 반대로 2개 지파 왕국 유다에는 자비의 시기가 좀 더 길었습니다. 하지만 하나님은, 자신의 구원 은총과 능력이, 자신의 힘과 인간적인 도움을 포기하는 곳에서만 펼쳐진다고 힘주어 강조하고 계십니다.

믿는 자는 다음과 같이 요청합니다.

"사람의 도움은 헛되므로 어서, 우리를 도우셔서, 이 원수들을 물리쳐 주십시오. 하나님이 우리와 함께하시면, 우리는 승리를 얻을 것이다. 그분이 우리의 원수들을 짓밟을 것이다." (시108:12~13)

8절과 9절은 선지자의 막내 이름 짓는 것을 보고합니다. 이 이름 역시 이스라엘 민족에의 심판을 알려줍니다. 로암미는 "내 민족이 아니다"를 의미합니다. 그래서 그 아이의 이름은 곧장 이스라엘 전체를 나타냅니다. 이스라엘 사람들은 하나님에 속하는 백성답게 살지 못했습니다. 그래서 하나님은 "너희가 나의 백성이 아니며, 나도 너희의 하나님이 아니다"고 선언하시는 겁니다.

어떤 시대도, 또 어떤 상황에서도 하나님은 '껍데기 고백' 빈 형식의 믿음에 만족하지 않습니다. 그는 가장 깊은 심중에서 나오는 실재의 믿음, 그것을 정말 실생활에서 증명하려고 합니다! 이것은 하나님의 백성 간에도, 공동체 안에도 충분히 강조되지 않을 수도 있습니다.

성령의 기름 없는 등을 가진 어리석은 '처녀들'이 쓸데없이 닫힌 천국 문을 두드리고 있습니다. 하나님은 그에게 고백하는 그 사람을 바라보며 다음과 같이 말씀하시고 계십니다.

"너희는 그 열매를 보고 그들을 알아야 한다. 가시나무에서 어떻게 포도를 따며, 엉겅퀴에서 어떻게 무화과를 딸 수 있겠느냐? 이같이 좋은 나무는 좋은 열매를 맺고, 나쁜 나무는 나쁜 열매를 맺는다. 좋은 나무가 나쁜 열매를 맺을 수 없고, 나쁜 나무가 좋은 열매를 맺을 수 없다. 좋은 열매를 맺지 않는 나무는 찍어서 불 속에 던진다. 그러므로 너희는 그 열매를 보고 그 사람들을 알아야 한다." (마7:16~20)

3월 21일 QT

"그러나 이스라엘 자손의 수가 바닷가의 모래처럼 많아져서, 얼마나 되는지, 아무도 되어 보거나 세어 볼 수 없을 때가 올 것이다. 그때가 되면 사람들이 너희를 로암미라고 부른 땅에서, '살아 계신 하나님의 자녀'라고 부를 것이다." (호1:10)

이러한 심판 알림의 한 가운데, 하나님의 자비로운 마음은 믿는 자에게 어떤 희망의 눈길을 주고 있고, 먼 미래로의 멋있는 전망을 제시하고 있습니다. 심판을 실행한다는 것은, 비록 하나님의 명예나 거룩함을 위해 필요한 것이지만 하나님에게는 하나의 '낯선 작업'일 수 있습니다.

하지만 그가 자기의 놀라운 은총을 줄 수 있다면, 사랑이신 그분은 자신의 성취나 기쁨을 발견합니다. 이스라엘이 아브라함에게 한 언약에 따라 하나님의 축복을 받은 민족이 되는 그 순간이 한순간에 올 것입니다. 오늘 그렇게 멀리 있지는 않을 수도 있습니다.

다가올 천년왕국에서 그리스도에 의해 용서받은 이스라엘은 하나님에 대해 자녀의 위치를 받아들일 겁니다. 그 이유는 하나님에게 있어 그 받아들임은 율법에 근거하지 않고 은혜에 근거하기 때문입니다.

구약에서 하나님은 그가 계획한 모든 것을 분명하고 또렷하게 말했다면, 10절 이하 하반부의 부름 자체가, 공동체의 시각에서 볼 때, 그 당시 여전히 숨겨진 하나님의 의지에 따라 문을 여는 것입니다.

이스라엘의 구원자이자 메시아였던 하나님의 아들이 매 맞고 죽임당했기 때문에, 이스라엘의 궁극적 구원이나 축복이 먼 미래로 이루어져야만 했던 반면에, 하나님은 그사이 하늘의 백성, 즉 공동체를 부르려고 하십니다. 이스라엘이 그리스도를 비난했을 때 마침 하나님은 자기 이름을 믿는 자에게 하나님 자녀가 되는 자격을 주신 것입니다.

그래서 요한은 모든 진실한 신자에게 다음과 같이 외칩니다.

"아버지께서 우리에게 얼마나 큰 사랑을 베푸셨는지를 생각해 보십시오." (요일3:1상)

그리고 바울은 로마서 9장 24절에서 26절까지를 호세아에서 인용하면서, 하나님은 한 민족을 유대인에게서만 보낸 것이 아니라 온 민족에서 부름을 받은 것을 보여주고 있습니다.

사랑하는 독자들이여, 당신들은 자신의 사랑 속에 있는 하나님을 사랑하십니까? 예수님을 통해서 당신은 하나님의 자녀가 되셨습니까?

"나는, 내 백성이 아닌 사람을 '내 백성'이라고 하겠다. 내가 사랑하지 않던 백성을 '사랑하는 백성'이라고 하겠다. 너희는 내 백성이 아니다 하고 말씀하신 그곳에서, 그들은, 살아계신 하나님의 자녀라고 일컬음을 받을 것이다." (롬9:25~26)

3월 22일 QT

"그 때가 되면, 유다 자손과 이스라엘 자손이 통일을 이룩하여, 한 통치자를 세우고, 땅에서 번성할 것이다. 그렇다. 이스르엘의 날이 크게 번창할 것이다. 이제 너희 형제를 암미라고 하고, 자매를 루하마라고 하여라." (호1:11-2:1)

　이 단락은 이스라엘의 압도하는 미래에 해당하는 더 넓은 관점을 말하고 있습니다.
　솔로몬의 죽음 이후 바로 자신의 불충함 때문에 발생했던 다윗 왕조의 분열(북쪽 나라 이스라엘과 남쪽 왕국 유다)이 폐지될 것입니다. 유다와 이스라엘은 하나님의 비교할 수 없는 은혜로 정화될 뿐 아니라 하나가 될 것인데, 이 모든 부정함이 죄와 관련 있기 때문입니다.
　주기도문의 두 번째 간구인, 이 땅에 놀랍게 다가오는 하나님 나라에서, 모든 백성들은 하나님을 약속의 땅에서 하나님을 하나 되어 섬길 것입니다. 비록 그리스도가 다윗의 집안 출신의 지상 대표자를 임명할 것이지만, 그들의 머리와 왕은 그리스도 자신입니다.
　이스라엘은 온 땅에서부터 나아와 하나님이 명령한 이스라엘 축제 모임으로 즐겁게 올라갈 것입니다. 영광스러운 '주님의 바로 그날'(이 자리에 천년 왕국)은 위대할 겁니다. 이 날에 '하나님의 종자(이스르엘)'가 꽃 피우고 자신의 놀라운 은총이 바쳐질 것입니다.
　그러고 나서 진리 가운데서 이스라엘은 다음의 노래를 부를 것입니다.
　"너희 백성이 모두 시민권을 얻고, 땅을 영원히 차지할 것이다. 그들은 주님께서 심으신 나무다. 주님의 영광을 나타내라고 만든 주님의 작품

이다." (사60:21)

바로 이 시간 하나님이 내린 진노와 추방은 완전히 이스라엘에서 벗어날 것입니다. 그 이유는 온 마음을 다하여 참회가 행해지기 때문입니다.

이 길 위에서 국민은 완전한 용서를 얻게 되고 그리스도를 통하여 하나님의 영원한 은총에 참여할 수 있기 때문입니다. 그러면 하나님은 철회되지 않는 평화 언약 때문에 '내-백성이-아님' 대신에 '내-백성'이라 부를 것입니다. '은총 받지 않은 자' 대신 '은총 받은 자'라는 영광스러운 이름을 그들은 획득하게 됩니다.

3월 23일 QT

"고발하여라. 너희 어머니를 고발하여라. 그는 이제 나의 아내가 아니며, 나는 그의 남편이 아니다. 그의 얼굴에서 색욕을 없애고, 그의 젖가슴에서 음행의 자취를 지우라고 하여라! 그렇게 하지 않으면, 그가 처음 태어나던 날과 같이, 내가 그를 발가벗겨서 내버릴 것이다. 그리하여 내가 그를 사막처럼 메마르게 하고, 메마른 땅처럼 갈라지게 하여, 마침내 목이 타서 죽게 하겠다. 그가 낳은 자식들도, 내가 불쌍히 여기지 않겠다. 그들도 음행하는 자식들이기 때문이다. 그는 자랑하기를 '나는 정부들을 따라가겠다. 그들이 나에게 먹을 것과 마실 것을 대고, 내가 입을 털옷과 모시옷과, 내가 쓸 기름과 내가 마실 술을 댄다' 하는구나. 그렇다! 그들의 어머니가 음행하였다. 그들을 배었던 여인이 부끄러운 일을 저질렀다." (호 2:2~5)

먼 미래에 백성의 궁극적 축복을 위로의 시선을 가지고 바라보고 나서, 하나님은 이 새로운 것에서부터 벗어나 현재 깊은 슬픔에 잠긴 상황으로 몸을 돌립니다. '여인' 상으로, '어머니' 상도 마찬가지지만 호세아 선지자는 전체 백성을 그리고 있으며, '아이들'의 상은 이스라엘 개개 지파를 말합니다.

'정부'는 이방 민족이나 그들의 우상을 말하는데, 이스라엘은 그것들을 따르고 그것들의 호의와 우정을 그들 진정한 하나님의 명예를 팔아 얻으려고 했습니다.

호세아의 '형들'이나 '누이들'은 그 당시 믿음이 적은 사람들을 가리킵니다. 그들은 그들 '어머니'를 '고발'하는데, 다시 말해, 죄에 빠진 백성들을 경고하면서, 가능하면 참회하고 회개하도록 하기 위해서입니다.

하나님은 변절한 이스라엘에서 완전히 떠난다고 말씀하시고, 우상숭배를 그치지 않는다면, 또 온 맘과 삶으로 그에게 돌아오지 않는다면, 그가 큰 손실을 입혀 이방인에게 넘겨줄 것이라고 말씀합니다. 얼마나 하나님은 인내하십니까! 하나님은 인간이 멸하는 것보다 구원받기를 얼마나 바라고 계십니까!

"너는 그들에게 전하여라. 나 주 하나님의 말이다. 내가 내 삶을 두고 맹세한다. 나는 악인이 죽는 것을 기뻐하지 않고, 오히려 악인이 그의 길에서 돌이켜 떠나 사는 것을 기뻐한다. 너희는 돌이켜라. 너희는 그 악한 길에서 돌이켜 떠나거라. 이스라엘 족속아, 너희는 왜 죽으려고 하느냐? 하여라." (겔33:11)

하지만 이스라엘은 호세아의 부탁에도 불구하고 돌이키지 않았습니다. 하나님께서는 호의로 백성들에게 주었었고 그 백성들이 불충한데도 허락하셨던 모든 외부적 은사와 축복을, 이해할 수 없는 현혹 속에서, 이방인의 죽은 우상에 자기를 내어주고 말았습니다. 그리하여 앗시리아가 쳐들어와서 이스라엘을 포로로 끌고 갔을 때, 하나님의 경고가 성취된 것입니다. 모든 국가로 흩으시고 민족으로서는 '죽어 없어져서' 오늘날까지 10개의 이스라엘 지파가 머물렀던 곳을 아무도 말할 수 없습니다.

3월 24일 QT

"그러므로 내가 이제 가시나무로 그의 길을 막고, 담을 둘러쳐서 그 길을 찾지 못하게 하겠다. 그가 정부들을 쫓아 다녀도, 그들을 따라 잡지 못할 것이다. 그들을 찾아 다녀도, 어디에서도 만나지 못할 것이다. 그제서야 그는 '이제는 발길을 돌려서 나의 남편에게로 돌아가야지. 나의 형편이 지금보다 그 때가 더 좋았다' 할 것이다. 바로 내가 그에게 곡식과 포도주와 기름을 주었으며, 또 내가 그에게 은과 금을 넉넉하게 주었으나, 그는 그것을 전혀 모르고 그 금과 은으로 바알의 우상들을 만들었다. 그러므로 곡식이 익을 때에는 내가 준 그 곡식을 빼앗고, 포도주에 맛이 들 무렵에는 그 포도주를 빼앗겠다. 또 벗은 몸을 가리라고 준 양털과 모시도 빼앗겠다. 이제 내가 그의 정부들이 보는 앞에서 부끄러운 곳이 드러나도록 그를 벗겨도, 내 손에서 그를 빼낼 사내가 하나도 없을 것이다. 또 그가 즐거워하는 모든 것과 그의 온갖 잔치와, 초하루와 안식일과 모든 절기의 모임들을, 내가 끝장내겠다. 정부들이 저에게 준 몸값이라고 자랑하던 포도나무와 무화과 나무들을 내가 모조리 망쳐 놓을 것이다. 내가 그것들을 수풀로 만들어서, 들짐승들이 그 열매를 따먹도록 할 것이다. 또 바알 신들에게 분향하며 귀고리와 목걸이로 몸단장을 하고, 정부들을 쫓아다니면서 나를 잊어버린 그 세월만큼, 내가 이제 그에게 모든 벌을 내릴 것이다. 나 주의 말이다." (호2:6~13)

하나님은 변절한 백성에게 죄와 우상숭배로 더 이상 이 백성을 하나로 쉽게 만들 수 없음을 알리고 있습니다. 하나님은 자기 백성을 딴 길로 차 버리기도 하고 그에게서 혜택을 빼앗아 버립니다.

또 반대로 그들이 이방인들이나 우상에서도 구했던 도움들이 갑자기 억류되기도 합니다. 그래서 백성은 결국, 종국에는 모든 권력, 모든 도움, 모든 축복이, 홀로 진실하신 하나님 손에 놓여있다는 것을 알게 될 것입니다. 탕자처럼 이스라엘은 결국 진지하게 나아가, 그들이 하나님인 여호와께 메어 있고, 그만 섬길 때에 모든 것이 형통하게 잘 되는지를 알게 될 것입니다.

마음 가장 깊은 곳에서 다음의 결단이나 고백이 생길 수 있습니다.

"나는 길을 떠나내 첫 남편에게로 돌아가렵니다. 그 이유는 그 당시가 지금보다 훨씬 좋기 때문입니다." (눅15:11~24 참고)

이 단락을 읽으면 누가 우리 민족의 모든 죄악, 하나님 망각, 하나님 없음을 생각하지 않겠습니까?

하지만 감사없음과 맘의 심술 때문에 내외적인 곁길로 빠져버린 하나님의 자녀들도 여전히 있습니다. 그 아이들을 값 비싸게 사서 오늘날도 거룩한 사랑으로 안으시는 주님에게는 이것이 얼마나 큰 아픔이고 불명예이며 수고이겠습니까?

그리고 그들은 이스라엘처럼 다음을 체험해야 합니다.

"보라 내가 이제 가시나무로 그의 길을 막고, 담을 둘러쳐서 그 길을 찾지 못하게 하겠다." (8절)

당신은 이 가시나무가 찌르는 것을 느낀 적이 있습니까? 당신은 이 담 앞에 서 있거나 이 담을 들락거려도 아직도 모르고 있습니까?

그러면 오늘 성경 단락은 당신에게 특별한 의미를 줍니다.

조용히 서 있어 당신의 주님의 사랑을 생각하십시오! 더 이상 잘못된 안락함이나 위조한 아첨하는 위조된 기쁨이나 거룩함 속에서 살아가지 마십시오. 우리의 하나님께로 돌아오십시오.

"주님께서 너그럽게 용서하여 주실 것입니다." (사55:7하)

3월 25일 QT

"그러므로 이제 내가 그를 꾀어서 빈 들로 데리고 가겠다. 거기에서 내가 그를 다정한 말로 달래 주겠다." (호2:14)

하나님 말씀처럼, 하나님은 자기 백성들과 원래의 관계를 그렇게 만들어 내기를 원하십니다. 자기 백성을 향한 변함없는 사랑, 인내심 있는 은총, 치유하는 온유함을 가지고서 말입니다. 이전에 겪게 했던 어려운 심판의 길을 통해, 그는 돌처럼 굳어진 자기 민족의 마음을 우선 깨어 부수고 백성들의 무디어진 양심을 각성시키시는데, 이것은 치유하시는 사랑의 표현일 뿐입니다.

하나님은 징계를 통해 그의 은혜와 축복에 대한 이유와 범위, 이해를 제공하려 합니다. 마침내 자기 자녀들의 자의지와 교만, 고집, 심술을 형벌 심판을 통해 성공리에 다 부술 때에, 그는 구원하시고 치유하실 만한 사랑의 마음과 온유한 손을 가지고 오십니다.

"주님은 마음 상한 사람에게 가까이 계시고, 낙심한 사람을 구원해 주신다." (시34:18)

그는 축복하기 위해 완전히 새로운 것을 만드시고 철저하게 낮아진 자를, 지금까지 그들이 전혀 체험하지 못한 것처럼 그렇게 심오하고 내면적이고 감사한 공동체를, 그와 함께 이루려고 하십니다.

그러나 그는 아직도 그에게 돌아온 자들에게 많은 말을 해야 합니다. 깊은 상처를 치유하는 것은 하루 안에 완성되는 건 아닙니다. 그래서 그는 그들을 '광야'로 불러내십니다. 사람들과 세상의 소음에서 멀리 떨어진, 숨겨진 어떤 장소로 말이지요.

주님에 의해, 잘못된 길에서 건져낸, 믿는 사람들은, 주님이 그들의 마음 밭에 주님의 일을 하게 하기 위해 아주 특별한 방법으로 조용한 곳을 필수적으로 찾아야 합니다. 그들에게 행하시는 주님 영의 작업은 심오함과 확신을 필요로 합니다.

그의 은총은 다음을 가능하게 합니다.

"마음이 튼튼해지는 것이 아니라 은혜로 튼튼해지는 것이 좋습니다." (히13:9)

3월 26일 QT

"그런 다음에 내가 거기에서 포도원을 그에게 되돌려 주고, 아골(고통) 평원이 희망의 문이 되게 하면 그는 젊을 때처럼, 거기에서 나를 기쁘게 대할 것이다." (호2:15)

여기 이 본문에 나오는 하나님 말씀은 미래의 이스라엘 자기 백성을 정말 놀라우리 만큼 은혜로 다루신다는 내용입니다. 이것은 동시에 주님이 자기 백성들을 오늘도 어떻게 다루려고 하시는지를 암시하고 있습니다. 주님이 광야에서 누군가에게 말씀하시려는 모두를 그가 겸손히 받아들인다면, 이것은 하나님이 위로하시고 세우실 때 하나님에게 가장 큰 기쁨이 되는 것입니다.

"그러므로 여러분은 하나님의 능력의 손 아래로 자기를 낮추십시오. 때가 되면, 하나님께서 여러분을 높이실 것입니다." (벧후5:6)

주님 앞에 참회하며 홀로 있는 그 광야는, 그가 우리에게 '우리의 포도원'이고, 그곳에서 우리는 그를 섬기며 열매를 맺을 수 있습니다.

아골 골짜기는 이스라엘이 가나안에 들어갈 때 아간의 불충함으로 하나님의 벌을 받은 곳이었습니다. (수7:26)

우리는 이 '아골' 골짜기(이것은 '곤궁'이나 '불행'을 의미하는데)가 바로 다시 태어난 이스라엘 백성들에게는 '희망의 문'이 되어야할 것을 경험합니다. 회개하는 사람은 믿음을 가지고 위를 앞을 볼 수 있는 겁니다!

넘어지고 일어나는 것으로만 이루어졌던 옛날 삶은 과거 지나간 일입니다. 우리의 믿음이 승리입니다! 세상과 죄, 그리고 회개한 자아와 묵은 억매임을 이겨낸 승리 말입니다!

하나님의 개입 이후의 깊은 기쁨은 그들의 특별한 찬양과 환호의 노래에서 찾아볼 수 있습니다. 미래에 자신들이 구원 받을 때, 이스라엘은 '자기 젊은 날처럼 노래'합니다. 그 기쁨에 대해서는 더 이상 입을 다물 수가 없습니다.

"기쁨이 그들에게 영원히 머물 것입니다." (사35:10)

"주님, 내 입술을 열어 주십시오. 주님을 찬양하는 노래를 내 입술로 전파하렵니다." (시51:15)

3월 27일 QT

"그 날에 너는 나를 '나의 남편'이라고 부르고 다시는 '나의 주인'(히 '나의 바알')이라고 부르지 않을 것이다. 나 주의 말이다. 그 때에 나는 그의 입에서 바알 신들의 이름을 모두 없애고, 바알 신들의 이름을 부르는 자들이 다시는 없도록 하겠다. 그 날에는 내가 이스라엘 백성을 생각하고, 들짐승과 공중의 새와 땅의 벌레와 언약을 맺고, 활과 칼을 꺾어버리며 땅에서 전쟁을 없애어, 이스라엘 백성이 마음 놓고 살 수 있게 하겠다." (호2:16~18)

그래서 미래에는 이스라엘의 역사가 은혜의 언약 아래 완전 새로운 시작을 해야 했습니다. 축복이 골고다의 완성된 구속사의 기초를 이루기 때문에, 이 축복은 확실하면서도 계속될 것입니다.

바로 그 날에 여호와에 대한 이스라엘의 관계는 완전히 새로워지고, 율법의 언약 밑에 있던 그 어느 때보다도 더 내면 깊은 성격을 가지게 될 것입니다.

이스라엘은 더는 "나의 바알!"이라 하지 않고-이것은 신부의 비유에 상응합니다-여호와에게 "나의 남편!"이라 말 할 것입니다. 하나님 자신이, 이스라엘이 이전 시기 그렇게 자주 섬겼던 여러 이방 우상들을 의미한 바알 신들의 이름을 제거하실 것입니다. 이 민족은 이러한 이름을 더 이상 입에 담지 않을 것입니다. 우리가 우리 입술과 머릿속을 주님이 깨끗하고 정결하게 하도록 하는 것이 얼마나 중요한 일인지 모릅니다.

바울은 그래서 신자들에게 "음행이나 온갖 더러운 행위나 탐욕은 그 이름조차도 입에 담지 말라"(엡5:3)고 경고하고 있지 않습니까?

우리는 특히 18절의 전망과 위로를 주목해 봅시다. 인간이 죄를 지은 이후에 동물세계의 큰 부분이 인간에게 더 이상 봉사하지 않았고 오히려 해를 입히거나 위험한 존재가 되어버렸습니다. 천년 왕국에서는 동물의 이러한 야성과 적대감은 하나님에 의해 지양됩니다. 창조물 전체가 구속받은 백성들에 복종하고 그들을 섬길 것입니다. 그리고 인간들 간의 불결함이나 싸움을 생각나게 하는 모든 것은 백성들이 '평화의 왕' 주권 아래 살 때, 제거될 것입니다.

이스라엘은 민족 중 '우두머리'로 안전하게 살 것이고 어떤 끔찍한 일에도 불안해하지 않을 것입니다.

"주님께서 민족들 사이의 분쟁을 판결하시고, 원근 각처에 있는 열강 사이의 갈등을 해결하실 것이니, 나라마다 칼을 쳐서 보습을 만들고 창을 쳐서 낫을 만들 것이며, 나라와 나라가 칼을 들고 서로를 치지 않을 것이며 다시는 군사 훈련도 하지 않을 것이다." (미4:3)

3월 28일 QT

"그 때에 내가 너를 영원히 아내로 맞아들이고, 너에게 정의와 공평으로 대하고, 너에게 변함없는 사랑과 긍휼을 보여주고, 너를 아내로 삼겠다. 내가 너에게 성실한 마음으로 너와 결혼하겠다. 그러면 너는 나 주를 바로 알 것이다." (호2:19~20)

여기서 우리는 자기 백성에 대한 하나님의 놀라운 언약이 정점에 달한 것을 볼 수 있습니다. 18절보다도 더 자세히 은혜의 새로운 언약을 결혼에 비유하고 있습니다. 거룩하고 자비로운 그가, 한 때 그렇게 줏대 없고, 배반하고 변질한 민족과 결혼하려고 합니다. 그렇기 때문에 그는 그것을 성령의 힘과 그의 은혜로 철저하게 변화시키고 올바르게 세우려고 하는 것입니다.

그는 그들의 하나님이 되려고 하고 그들은 하나님의 백성이 되어야 하며, 이전과는 전혀 다른 방법으로 하나님을 깨달아야 합니다. 율법 아래 첫 언약의 허약함과는 반대로, 그리스도 위에 세워졌기 때문에 흔들리지 않는, 영원히 은혜롭고 평화로운 새로운 언약이 되어야합니다.

따라서 그리스도는 현재 교회가 그 위에 서 있는, 굳건한 반석일 뿐 아니라, 미래에 이스라엘과의 새로운 언약의 기반이기도 합니다. 이스라엘 민족뿐 아니라 전 인류를 하나님은 "구부러지고 뒤틀린 세대"(빌2:15)라 부릅니다. 하지만 이후에 자신의 민족 이스라엘에게 행하실 바로 그러한 것을, 오늘날 각자 인간을 자신의 영으로 만지시는 것이 하나님의 요구입니다.

당신이 결정하지 못하고 주저하며 거기 서 있을 때라도 그분은 당신에게 구원의 손길을 펴십니다. 주님은 그와 함께 당신을 이전에 알지 못하는, 전혀 새롭고도 내면적인 결합을 원하십니다. 그는 당신에게 "내가 너와 결혼하겠다!"라고 말하십니다. 오늘 나아와서 진심으로 그리스도를 통해서 하나님과 화해하지 않으시렵니까?

"그러므로 우리는 그리스도의 사절입니다. 하나님께서는 우리를 시켜서 여러분에게 권고하십니다. 우리는 그리스도를 대리하여 간청합니다. 여러분은 하나님과 화해하십시오." (고후5:20)

3월 29일 QT

"그 날에 내가 응답할 것이다. 나 주의 말이다. 나는 하늘에 응답하고, 하늘은 땅에 응답하고, 땅은 곡식과 포도주와 올리브 기름에 응답하고, 이 먹거리들은 이스르엘에 응답할 것이다. 그 때에 내가 이스라엘을 이 땅에 심어서 나의 백성(히, '암미')으로 키우고, 로루하마를 사랑하여 루하마가 되게 할 것이다, 로암미에게 '이제 너는 암미다!'하고 내가 말하면, 그가 나에게 '주님은 나의 하나님이십니다!'하고 대답할 것이다." (호2:21~23)

천년왕국의 시작 때 이 땅은 죄의 심판으로 깨끗해지고 이스라엘이 국가들 중 선봉에 서서 정의롭게 하나님께 수종을 든다면, 하나님은 자기 백성과 전 지구에 대한 외적인 축복을 충만히 부어주실 수도 있습니다.

우리가 생각하는 것보다 더, 메마름과 습기, 발육부진, 결실 못함, 그리고 자연 속의 재해들이 민족의 죄와 하나님 없음의 결과로 따라옵니다.

하지만 그리스도의 통치 아래서는 죄 사함 받은 국민은 방해받지 않고 하나님의 좋은 선물을 즐길 것입니다. 하늘은 땅에 항상 땅이 필요로 하는 것을 줄 것입니다. 땅바닥에는 다시 식물과 동물이 그들의 성장에 필요한 것을 공급해 줄 것입니다. 가나안은 이전보다 더 '젖과 꿀이 흐르는' 땅이 될 것입니다. 역시 하나님은 백성들을 열매 맺게 해주어서 이 땅에 충만할 것입니다.

'이스르엘'은 이제, 하나님이 씨 뿌리고 키우고 열매 맺게 하시기 때문에, 은총의 이름이 되었습니다! 역시 다른 두 개의 심판 이름도 축복의 이름으로 바뀔 것입니다. 내외적으로 풍부하게 축복하는 것이 하나님의 기쁨인 것입니다.

"그러나 주님을 믿고 의지하는 사람은 복을 받을 것이다. 그는 물가에 심은 나무와 같아서 뿌리를 개울가로 뻗으니, 잎이 언제나 푸르므로, 무더위가 닥쳐와도 걱정이 없고, 가뭄이 심해도, 걱정이 없다. 그 나무는 언제나 열매를 맺는다." (렘17:7~8)

우리 시대가 심각하고, 비록 하나님이 민족들과 개인들의 죄를 무겁게 다루시기도 하지만, 우리는 역시 은혜의 시간 속에 서 있습니다! 하나님은 오늘 각 개개인에게 저주를 축복으로 바꾸어 주십니다.

그는 죄로 인해 황량해진 삶을 '하나님 정원', '그리스도 안에서 새로운 창조물'로 만드실 수 있습니다. 그래서 눈 먼 세상조차도, "여기 이전 것은 지나갔으니, 보라 새 것이 되었구나"라고 인식해야 합니다.

3월 30일 QT

"주님께서 나에게 또 말씀하셨다. '너는 다시 가서, 다른 남자의 사랑을 받고 음녀가 된 그 여인을 사랑하여라. 이스라엘 자손이 다른 신들에게로 돌아가서 건포도를 넣은 빵을 좋아하더라도, 나 주가 그들을 사랑하는 것처럼 너도 그 여인을 사랑하여라!' 그래서 나는 은 열다섯 세겔과 보리 한 호멜 반을 가지고 가서, 그 여인을 사서 데리고 왔다. 그래서 나는 은 열다섯 세겔과 보리 한 호멜 반을 가지고 가서, 그 여인을 사서 데리고 왔다. 나는 그 여인에게 말하였다. '당신은 많은 날을 나와 함께 살면서, 창녀가 되지도 말고, 다른 남자와 관계를 맺지도 말고 나를 기다리시오. 그동안 나도 당신을 기다리겠소.'" (호3:1~3)

호세아 2장 끝부분에 이스라엘 민족의 축복과 완성이 우리 눈앞에 보인 이후, 위 본문에서는 그것이 다시 소급됩니다. 선지자 호세아는, 자신은 신실하게 참으며 사랑하는 부인에게서, 하나님이 불충한 자기 백성 이스라엘에 느끼는 것과 꼭 같은 깊은 고통스러운 체험을 할 수밖에 없습니다. 고멜은 이전의 욕심과 자신의 길 때문에 자신의 남편에게 불충했습니다.

호세아는 이제 낯선 남자에게서 그 불충한 여인을 다시 돈을 주고 데리고 왔습니다. 하지만 주님은 종들에게 피할 길을 위한 필요한 힘을 주시지 않고는 명령하실 분이 아닙니다.

다윗은 증거 합니다.

"하나님께서 나에게 용기를 북돋우어 주시며, 하나님께서 나의 길을 안전하게 지켜주신다. 하나님께서는 나의 발을 암사슴의 발처럼 빠르게 만드시고, 나늘 높은 곳에 안전하게 세워 주신다 … 주님께서는 나를 지키시는 방패를 나의 오른 손에 들려주셨고, 주님께서는 오른 손으로 나를 강하게 붙들어 주셨습니다. 주님께서 이렇게 보살펴 주시니, 나는 큰 승리를 거둘 것입니다." (시18:32~33·35)

호세아는 자신에게 부과된 수모를 면전서 겪지만, 하나님과의 연합 속에서 위로를 얻습니다. 하나님보다 누가 그를 더 잘 이해할 수 있겠습니까?

그는 훨씬 더 큰 용량으로 그와 같은 불명예를 참으셔야 했던 겁니다.

이스라엘이 여호와께 돌아오는 것에서 우리는 아마도, 고멜 역시 불충한 생활 후 그녀 남편의 오래 참는 사랑으로 인해 감사 넘치고 신실하며 사랑스런 부인이 되었을 거라는 결론을 내릴 수 있을 겁니다.

감사하지 못하고, 하나님 편에서 볼 때 하나님을 떠나 길 잃은 사람을 다룰 수 있는 그런 기회를 '하나님의 사람들'이 가진다면 그들 각자에게는 영광입니다. 사랑과 인내, 용서 준비가, 그들이 잘못된 길에서 벗어나 하나님을 만날 수 있도록 도울 수 있습니다.

이런 특권을 우리가 사용하지 않겠습니까?

3월 31일 QT

"이스라엘 자손도 많은 날을 이렇게 왕도 통치자도 없이 희생제물도 돌기둥도 없이 에봇도 드라빔도 없이 살 것이다. 그런 다음에야 이스라엘 자손이 돌이켜서, 주 그들의 하나님을 찾으며, 그들의 왕 다윗을 찾을 것이다. 마지막 날에는 이스라엘 자손이 떨면서 주님 앞에 나아가, 주님께서 주시는 선물을 받을 것이다." (호3:4~5)

여기서 말하는 '많은 날'은 여전히 오늘 날까지도 계속되고 있습니다. 유대인들은, 그리스도가 자신들 중심에 있었을 때 그를 잘못 알고 비방한 이후, 여러 나라로 뿔뿔이 흩어졌습니다.

바벨론 포로에서부터 돌아와 그들 중심에는 다윗 후손에서 나온 어떤 군주가 있었습니다. 하지만 그들이 예수님을 거절한 후 그들은 왕이나 군주 없이 지냈을 뿐 아니라 '에봇'도 없었습니다. 이 경우 대제사장의 가슴이나 등을 덮는 성직자 앞치마가 중요합니다. 이것은 제사장 정신이나 성전의 상실을 묘사하기 위해 언급됩니다.

다른 한편으로 그들에게는 또한 돌로 만든 우상도 아니고 집에 모신 우상도 아닌 '테라빔'이나 '입상'도 없었습니다. 바빌론 귀환 후 유대인들은 더 이상 이방인의 우상숭배에 빠지지는 않았습니다. 그런데 여전히 중요한 한 가지가 빠져있습니다. 즉 하나님과의 결속 '무화과 나무'를 벨 순간이(아마도 매우 빨리) 올 것입니다.

하나님은 유대인들을 그들 땅으로 불러 모으실 거고(이 글이 1917년에 쓰여졌는데 1948년 이스라엘 독립을 피반이 예견했다는 건 정말 놀랍습니다. 역주), 모든 선지자들이 우리에게 보여주신 것처럼, 진심어린 깊은 참회와 회개가 그들에게서 일어날 것입니다. 그리고 나서 이스라엘의 자녀들은 '여호와 그들의 하나님, 다윗 그들의 왕'을 찾을 것입니다. 이것은 전심으로 그리스도께 돌아오고 그들의 목자이자 왕인 진정한 다윗에게로 돌아오는 것을 의미합니다.

그들의 끔찍한 눈 멈과 오랜 기간 동안 그리스도에 반대했던 것을 깊게 뉘우치고 감동 받아 '이 날들의 끝'에 하나님께 돌아올 것입니다. 스가랴에서(1:10~11, 2:14~23) 이미 예견했던 그 놀라운 축복의 시간이 시작된 것입니다.

예수님은 힘들고 무거운 짐진 모든 자들을 오늘도 친절하게 초대하고 계십니다. 당신들의 죄짐을 가지고 나와 모든 근심 걱정을 그의 사랑스런 마음에 맡겨봅시다.

"수고하고 무거운 짐 진 사람은 모두 내게로 오너라. 내가 너희를 쉬게 하겠다." (마11:28)

4월 1일 QT

(어제까지 호세아서를 묵상했습니다. 정확하게 102년 전에 쓴 큐티 본문이 오늘날에도 여전히 그 힘을 갖고 있음과 하나님의 진리 말씀이 영원하다는 것을 알게 하네요. 4월 1일부터 15일까지는 마가복음 4장을 묵상합니다. "믿음 안에서 자라고 성숙하는 것이 중요하다"는 메시지입니다.)

"예수께서 다시 바닷가에서 가르치기 시작하셨다. 매우 큰 무리가 모여드니, 예수께서는 배에 오르셔서, 바다 쪽에 앉으셨다. 무리는 모두 바닷가 뭍에 있었다. 예수께서 비유로 여러 가지를 가르치셨는데, 가르치시면서 그들에게 이렇게 말씀하셨다. '잘 들어라. 씨를 뿌리는 사람이 씨를 뿌리러 나갔다.'" (막4:1~3)

예수, 유일하게 씨 뿌리는 자

비유에서 예수님은 자신을 하나님 말씀의 씨앗을 대담하게 뿌리는, 씨 뿌리는 자로 소개하고 있습니다. 하지만 주님은 피곤하지 않습니다. "다시 그는 가르치기 시작했다."

예수님 생애의 긴장이나 갈등 속에서도 주님은 하나님의 말씀과 뜻에 충실했습니다. 그 자신이 '모든 하나님의 말씀'으로 살았고, 그래서 그는 하나님의 뜻을 선포했는데, 이는 서기관처럼 하지 않고 권세 있는 어떤 자처럼 선포하셨습니다. 그는 피곤해하지 않고 "때가 찼다. 하나님의 나라가 가까이 왔다. 회개하여라. 복음을 믿어라"(막1:15)라고 외치셨습니다.

예수님은, 충실하게 보호되는 하나님 통치를 신뢰하는 것이 얼마나 중요한지 청중들에게 보여주기 위해 청중들의 삶의 세계로부터 많은 단어와 비유, 예들을 끌어와 사용하셨습니다. 주님은 백성들이 바리새인의 법률적 가르침으로 인해 오염되었다고 보았습니다.

그래서 주님은 이제 "잘 들어라!"로 운을 뗍니다.

예수님은 인간의 가장 큰 문제 중 하나가 진정 들을 수 없는 데 있다는 것을 알고 있습니다.

"너희들은 내 말을 전혀 제대로 듣지 못한다."

우리는 풍부하게 이런 경험을 했습니다. 그래서 그는 마가복음 4장에서 들음에 대한 단어를 10번 이상 반복하고 있습니다. (예를 들면 "귀 있는 자는 들을지어다!")

우리는 종종 우리의 걱정에 몰두해 있기도 하고, 우리에게 안 맞으면 완전히 흘려 버립니다. 우리 마음에 안 들면 우리에게 들리는 것도 듣지 않으려고 합니다. 우리 마음이 '만물보다 더 거짓되고 매우 썩은'(렘17:9) 것은 사실입니다.

하지만 우리는 자기 말씀으로 새로운 것을 행하시는 주님을 모시고 있습니다. 사도행전 16장 14절, 15절, 25~34절에는 이것이 어떻게 보입니까? 우리 삶에 이것이 어떻게 나타납니까?

"그리스도의 말씀이 여러분들 가운데 풍성히 살아 있게 하십시오. 온갖 지혜로 서로 가르치고 권고하십시오. 감사한 마음으로, 시와 찬미와 신령한 노래로 여러분들의 하나님께 마음을 다하여 찬양하십시오. 그리고 말이든 행동이든 무엇을 하든지, 모든 것을 주 예수의 이름으로 하고, 그분에게서 힘을 얻어서, 하나님 아버지께 감사를 드리십시오." (골3:16~17)

4월 2일 QT

"'잘 들어라. 씨를 뿌리는 사람이 씨를 뿌리러 나갔다. 그가 씨를 뿌리는데, 더러는 길가에 떨어지니, 새들이 와서 그것을 쪼아 먹었다. 또 더러는 흙이 많지 않은 돌짝밭에 떨어지니, 흙이 깊지 않으므로 싹은 곧 나왔지만, 해가 뜨자 타버리고, 뿌리가 없어서 말라 버렸다. 또 더러는 가시덤불 속에 떨어지니, 가시덤불이 자라 그 기운을 막아 버려서, 열매를 맺지 못하였다. 그런데 더러는 좋은 땅에 떨어져서 싹이 나고 자라서 열매를 맺었다. 그리하여 삼십 배, 육십 배, 백 배가 되었다.' 예수께서 덧붙여서 말씀하셨다. '들을 귀가 있는 사람은 들어라.'" (막4:3~9)

예수님이 말씀하시는 비유는 주의 깊은 경청을 요구한다는 것을 알 수 있습니다. 동방에서 누군가가 다른 사람에게 정확히 들어야 할 중요한 사실을 알리려 할 때, 터번이나 면사포로 가려진 귀를 '열어야만' 했을 겁니다. 천을 뒤로 넘긴다거나 그것을 옆으로 밀어 놓음으로써 완전히 들을 준비가 되어 있음을 보여주었습니다.

"아침마다 나를 깨우쳐 주신다. 내 귀를 깨우치시어 학자처럼 알아듣게 하신다. 주 하나님께서 내 귀를 열어주셨으므로 나는 주님께 거역하지도 않았고 등을 돌리지도 않았다." (사50:4b~5)

들으면 이제 보게 됩니다.

"보라, 씨 뿌리는 자가 씨 뿌리기 위해 밖에 나갔다."

여기서 우리의 내적인 시각 능력이 중요한데, 이는 하나님 말씀을 뿌리는 위대한 예수님을 보기 위한 마음의 눈입니다. 우리는 우리가 그렇게 쉽게 피곤하고 지치지 않기 위해, 우리 믿음의 시작이자 완성자이신 예수님을 오늘도 여전히 바라봅니다.

히브리서 12:1~3을 읽어보세요.

이제 씨 뿌리는 자 비유를 관찰해봅시다. 그 씨를 거듭 뿌리고 또 뿌립니다. 이것은 예수님 시대의 농사일입니다. 그 당시에는 처음에는 땅의 모든 부분을 다 활용하여 씨를 뿌리고 쟁기질을 했습니다. 땅이 딱딱하거나 돌이 있거나 가시투성이거나 또 땅이 좋을 수도 있습니다. 이것은 청중들에게 너무나 분명했습니다. 하지만 예수님은 그들의 마음 상태에 대해 말하고 있다는 것을 그들은 이해했을까요? 모두 다 밭 하나씩은 다 가지고 있었을 겁니다.

우리는 '길가의 사람'이고 '돌짝 위 사람', '가시덤불 밑 사람', 그리고 '옥토의 사람'인 것입니다. 우리에게서 하나님 말씀이 어떤 바닥에 떨어지는가가 중요한 것입니다. 우리 삶 속에 하나님 말씀이 깊이 뿌리박히기 위해서는, 아울러 풍성한 열매를 맺기 위해서는 예수님 말씀을 제대로 듣는 게 중요합니다.

"믿음의 창시자요, 완성자이신 예수를 바라봅시다. 그는 자기 앞에 놓여 있는 기쁨을 내다보고서 부끄러움을 마음에 두지 않으시고 십자가를 참으셨습니다. 그리하여 그는 하나님의 보좌 오른쪽에 앉으셨습니다." (히 12:2)

"땅이여, 땅이여, 땅이여, 주님의 말씀을 들어라." (렘22:29)

4월 3일 QT

"예수께서 혼자 계실 때에, 예수의 주위에 둘러 있는 사람들이 열두 제자와 함께 그 비유들이 무슨 뜻인지를 예수께 물었다. 예수께서 그들에게 말씀하셨다. 너희에게는 하나님 나라의 비밀을 맡겨 주셨다. 그러나 저 바깥사람들에게는 모든 것이 수수께끼로 들린다. 그것은 그들은 보기는 보아도 알지 못하고, 듣기는 들어도 깨닫지 못하게 하셔서, 그들이 돌아와서 용서를 받지 못하게 하시려는 것이다." (막4:10~12)

단호한 말씀이다. 주님은 의식적으로 그렇게 내치셨을까요?

그렇지는 않습니다. 주님은 설교 듣는 무리의 한 부분이 하늘의 저주를 받고, 하나님에게서 어떤 기회도 지니지 못하도록 말씀하십니까? 확실히 아닙니다.

하지만 주님께서 선포하실 때의 첫 번째 톤은 단호한데, 이는 예수님께서 자기를 좇아오는 사람은 많은데 너무나 적은 수만 자신을 따르는 것을 보았기 때문입니다.

거기에 무슨 차이가 있느냐 하는 것은 다음의 그림이 우리에게 명확히 밝혀줄 수 있을 겁니다.

예수님이 초대하는 하나님 나라를 영롱한 스테인드글라스로 장식된 한 교회와 비교해 봅시다. 밝은 날 창문 밖에서 훌륭한 색이 비추는 것을 우리는 볼 수 있습니다.

하지만 우리는 소경처럼 색채와 형태에 대해 말합니다. 우리가 그 공간에 들어가서 안에서부터 햇빛에 비췬 창문을 관찰할 때 비로소 그 그림이 어떤 그림인가를 볼 수 있습니다. 즉 그때 비로소 모티브의 아름다움, 정교한 윤곽, 색채 뉘앙스 등을 알 수 있습니다. 밖과 안의 차이가 얼마나 큰가요!

마가복음 3장 31절에서 35절은 영적인 의미에서도 안팎이 적용됨을 알 수 있게 합니다.

'예수님'에게 안쪽이란, 그의 말씀을 듣고 그것에 방향을 잡으며 진정하게 보는 자에게 속하는 겁니다.

"사람들이 하나님을 이해하려면 하나님께 순종해야 합니다." (H. Thielicke)

예수님께 순종하는 제자들은 하나님의 은혜로운 선물로 인해 '하나님 나라의 비밀'을 이해할 수 있습니다.

그러나 '밖에 있는 사람들은' 아닙니다. 여기서 교회 공동체와 세상 간에 엄청난 차이가 생겨납니다. 교회는 예수님과 함께 있고 그에게 모든 것을 물을 수 있고 그의 말씀을 들을 수도 있고 그 말씀으로 체험을 할 수도 있으며 예수님과 성령에 의해 가르침을 받을 수도 있습니다.

밖에 있는 사람들은 이 모든 것을 할 수 없습니다. 하지만 그들은 예수님께 감히 나올 수 있습니다. 그에게는 모든 사람이 대환영입니다. 우리는 지금 어디에 서 있습니까?

4월 4일 QT

"그리고 예수께서 그들에게 말씀하셨다. '너희가 이 비유를 알아듣지 못하면서, 어떻게 모든 비유를 이해하겠느냐? 씨를 뿌리는 사람은 말씀을 뿌리는 것이다. 길가에 뿌려지는 것들이란 이런 사람들이다. 그들에게 말씀이 뿌려질 때 그들이 말씀을 듣기는 하지만, 곧바로 사탄이 와서, 그들에게 뿌려진 그 말씀을 빼앗아 간다. 돌짝밭에 뿌려지는 것들이란 이런 사람들이다. 그들은 말씀을 들으면 곧 기쁘게 받아들이기는 하지만, 그들 속에 뿌리가 없어서 오래가지 못하고, 그 말씀 때문에 환난이나 박해가 일어나면 곧 걸려 넘어진다.'"(막4:13~17)

    예수님은 제자들의 마음속을 얼마나 깊이 들여다보시는지요! 그들이 예수님과 함께 살고 하나님 나라에서 그들의 자리를 찾았지만, 때때로 그들은 밖에 서 있는 자들처럼 처신합니다.

    예수님은 그들에게 "이 비유를 너희들은 이해하지 못하겠느냐?"라고 물어야만 합니다.

    하지만 주님은 자신이 그 의미를 설명하십니다. 여기서 명확한 증거는 우리가 하나님 말씀을 읽고 들을 때 그의 도움이 있어야 한다는 것입니다. 어떤 도움 수단, 예를 들면 좋은 성경 사전을 도움 수단으로 이용한다든지 성경 공부를 위해 어떤 특별한 질서 원칙을 세워놓는다든지 하는 것입니다. 몇 가지 실천 매뉴얼을 우리 큐티 교재 안 표지에 제시해 두었습니다. (아래에 이것을 소개합니다: 역주)

    예수님은 비유를 설명하시면서 하나님 말씀인 씨가 네 개의 서로 다른 마음 밭과 환경에 떨어진 것을 보여줍니다.

① **딱딱한 길입니다.**

우리 마음이 딱딱하게 굳어 있을 수 있습니다. 여기에는 씨가 자랄 수 없습니다. 매일 차들이 길 위를 굴러갑니다. 우리가 하나님 말씀을 조용히 파악하기에는 너무 일이 많습니다.

② **바위 위입니다.**

우리 맘에 돌 같은 평원이 자리할 수 있습니다. 다시 말하면 위층은 좋은 땅일 수 있습니다. 그러나 좀 더 깊은 곳에서는 바위 돌에 부딪히게 됩니다. 누가 좋은 설교를 즐겨 듣지 않겠습니까? 많은 사람이 교회에서 평안을 느낍니다. 함께 다니고 성가대 노래도 하고 심지어 그룹을 지어 뭘 하기도 합니다. 하지만 영적인 깊이가 결여되어 있습니다. 예수님은 가장 내면 깊이 있는 그들의 삶의 영역에 접근 할 수가 없습니다. 내가 어떻게 고린도전서 3장 1~3절, 히브리서 5장 12~14절을 비켜가겠습니까?

누군가가 '하나님을 위해', 예수님 믿는 믿음 때문에 공격당한다면 아무에게서도 변호 받지 못합니다. 하지만 우리는 우리의 삶의 뿌리가 하나님 말씀 깊이 박혀있다는 것에 책임감을 가집니다. 하나님께 계속해서 유보 없이 완전히 헌신하는 사람은 믿음에서도 역시 강건해질 것입니다.

"여러분은 아직도 육에 속한 사람들입니다. 여러분 가운데서 시기와 싸움이 있으니, 여러분은 육에 속한 사람이고, 인간의 방식대로 살고 있는 것이 아닙니까?" (고전3:3)

"시간으로 보면, 여러분은 이미 교사가 되었어야 할 터인데, 다시금 하나님의 말씀의 초보적 원리를 남들에게서 배워야 할 처지에 놓여 있습니다. 여러분은 단단한 음식물이 아니라, 젖을 필요로 하는 사람이 되었습니다." (히5:12)

☞ **큐티하는 방법**

① '하나님께서 오늘 나에게 어떤 말을 하실까?'라는 단순한 질문을 가지고

② 본문을 꼼꼼히 읽으며, 본문 외에 관련된 말씀을 함께 읽어 더 깊이 묵상하고

③ 자신에게 감동을 주는 부분을 기록하여, 하나님과 나와의 기록문(다큐멘트)을 남겨두는 것도 좋고

④ 읽기 싫을 때도 억지로라도 읽는 습관을 가지고

⑤ 낯설거나 이해하기 힘든 부분이 혹 나오더라도 지치지 말고

⑥ 어떤 일이 일어나더라도(죄의식 등) '하나님에게 나는 늘 환영받을 존재'라는 것을 인식하기

4월 5일 QT

"가시덤불 속에 뿌려지는 것들이란 달리 이런 사람들을 가리키는데, 그들은 말씀을 듣기는 하지만 세상의 염려와 재물의 유혹과 그 밖의 다른 일의 욕심이 들어와 말씀을 막아서 열매를 맺지 못한다. 좋은 땅에 뿌려지는 것들이란 이런 사람들이다. 그들은 말씀을 듣고 받아들여서, 삼십 배, 육십 배, 백 배의 열매를 맺는다." (막4:18~20)

예수님은 우리가 하나님 말씀을 대할 때 마음 상태나 태도에 대해 4개의 서로 다른 땅(바닥)을 보여주십니다.

③ 엉겅퀴와 가시

우리 마음속에 엉겅퀴와 가시가 믿음의 식물을 찌를 수 있습니다. 주님은 일상의 염려, 부의 유혹, 생활 속 아름다운 것에의 욕망이라 명명하십니다. 얼마나 우리는 속히 세속적인 것에 함몰되어 그 속에서 그것을 꽉 물고 있습니까! 예수님에게 중요한 것은 세상의 덧없음보다 세속적 추구의 위험성입니다.

"위의 것을 바라보라!" (골3:1~5)

하나님 말씀이 우리 삶 속에 펼쳐지지 못하게 하는 여러 방해물 중에 하나님의 원수가 개입하고 있다는 것을 우리는 간과해서는 안 됩니다.

"그 원수의 악한 의도는 하나님 말씀이 우선 싹이 나지 않게 하는 것이고, 싹이 나게 되더라도 뿌리를 내리지 못하게, 뿌리 내린다 해도 어떻게든 자라지 못하게 하는 것이다. 그처럼 농경지가 곧 경직되고 충분히 깊지 못하고 곧 충분히 자유롭지 못한다." (W. Piertzik)

④ 좋은 땅

좋은 땅에는 건강한 싹이 자라 많은 열매를 맺게 합니다. 우리는 어떻게 '좋은 땅'일 수 있습니까?

예수님은, 하나님 말씀을 우리가 주의 깊게 듣고 읽어서 - 내면적으로 충분히 다루어 - 실생활에 적용하기를 원하십니다. 진정한 예수님 제자는 그냥 즐겨하는 주제나 희망에만 몰두하는 것이 아니라, 항상 전체 성경을 바라보는 자입니다. 성경 한 장 한 장, 한 단락 한 단락을 정복해 나가야 합니다.

"당신 말씀이 내 마음에 강한 뿌리를 내리게 하시고, 당신의 영이 내 삶에 열매를 맺게 하시며, 당신의 능력이 나를 통해 이 세상을 당신의 목표로 움직이게 하소서. 오, 주님, 당신은 이 기적을 행하실 수 있습니다." (J. Swoboda·T. Lehmann)

4월 6일 QT

"예수께서 그들에게 말씀하셨다. '사람이 등불을 가져다가 말 아래에나, 침상 아래에 두겠느냐? 등경 위에다 두지 않겠느냐? 숨겨 둔 것은 드러나고, 감추어 둔 것은 나타나기 마련이다. 들을 귀가 있는 사람은 들어라.'" (막4:21~23)

예수님이 '책임'을 강조하시다.

씨 뿌리는 자 비유가 하나님 말씀을 내적으로 어떻게 받아들이는가를 의미했다면, 빛의 비유는 자신을 밖으로 알게 드러낸다는 것이 중요합니다. 만약 켜진 등불이 나무통(곡식 넣는)이나 침대 밑에 둔다면 원래 그 목적을 잃어버리는 겁니다. 빛은 빛의 위력을 펼쳐야합니다.

"어둠 속에 '빛이 비쳐라!' 하고 말씀하신 하나님께서, 우리 마음속을 비추셔서, (예수) 그리스도의 얼굴에 나타난 하나님의 영광을 아는 지식의 빛을 우리에게 주셨습니다." (고후4:6)

복음의 빛을 숨기지 않고 그것이 보이도록 높이 드는 것은 우리의 책임입니다.

"하나님께서는 모든 사람이 다 구원을 얻고 진리를 알게 되기를 원하십니다." (딤전2:4)

우리는 하나님 말씀의 빛을, 자족함이나 사람들 두려움 때문에, 또 무관심이나 안락함으로 덮어두지는 않습니까?

우리는 예수님에게 묻습니다.

"주님, 생명의 빛이신 당신을 알고 소유하는 게 그저 좋다는 것을 어떤 사람에게 내가 오늘 어떻게 보여줄 수 있습니까?"

우리는, 우리의 수줍음과 불안, 또 '미안함'을 주님의 부탁보다 더 중요하게 받아들여서도 안 되고 그의 보조자라는 사명보다 더 진지하게 받아들여서는 안 됩니다.

"가라 … 내가 세상 끝날 날까지 너희와 함께 하리라." (마28:19~20)

우리는 이것을 인식하고 "내가 예수 그리스도의 복음을 부끄러워하지 않으니, 이 복음은 믿는 모든 자에게 구원을 주는 하나님의 능력입니다"라고 크게 외쳐야합니다. 이것은 복음 때문에 억압당할지라도 옳은 일입니다. 우리는 강한 위로함을 가지고 있기 때문입니다.

4월 7일 QT

"예수께서 그들에게 말씀하셨다. '너희는 새겨들어라. 너희가 되질하여 주는 만큼 너희에게 되질하여 주실 것이요, 덤으로 더 주실 것이다.'" (막4:24)

주님께서 말씀하시는 두 번째 '책임'은 "지금 정확히 새겨 들으라"는 요구로 시작됩니다.

"너희가 되질하여 주는 만큼 너희에게 되질하여 주실 것이다."

주님은 양의 측량을 거절하는 것은 아닙니다. 다만 일어나는 일에 자기 손가락을 올려놓고 계십니다. 그는 생필품이 저울질 잘못되어 다 팔렸을 때 그 환멸감과 절망감을 알고 있었습니다.

"모든 가족은 자기 용량을 소유하고 있습니다. 다른 사람들 또한 각자의 용량을 가지고 있지요. 불신이 큰 만큼 속이는 재미도 큽니다." (A. Pohl)

어느 정도의 양을 가진 사람은 결국 하나님이 '거래 파트너'임을 명심해야합니다. 이 주인은 누구도 실망시키지 않는, 최고 관용 있는 선사자인 것입니다. 사람들이 종종 매우 빡빡하게 측량하고 자신의 이득을 늘 염두에 두고 있는 반면, 주님은 항상 거기에 좋은 것을 더 해 주십니다. 하나님의 진실한 사랑과 관대한 선하심에 늘 인도받도록 하십시오!

모든 사소한 것들, 사랑 없고 굳어진 마음을, "긍휼히 여기는 자는 복이 있나니 그들이 긍휼히 여김을 받을 것임이요"(마5:7)라고 여러분에게 말씀하신 그분의 발 앞에 내려놓으십시오.

"그 많으신 긍휼대로 우리를 거듭나게 하사 산 소망이 있게 하신 우리 주 예수 그리스도의 아버지 하나님께서"(벧전1:3) 자신의 긍휼의 에너지를 우리 마음 속에 또 실천적 삶 속에 펼치시지 않겠습니까?

우리가 주의 깊게 듣고 감명 있게 귀 기울인다면, 이를 통해 우리 서로의 염려를 얼마나 많이 덜 수 있겠습니까? 당신 말에 귀 기울이는 사람이 없습니까? 그렇다면 당신은 다른 어떤 사람의 말에 귀 기울이는 자가 되십시오. 그러면 긍휼함이 실제로 시작될 것입니다.

"마지막으로 말합니다. 여러분은 모두 한 마음을 품으며 서로 동정하며 서로 사랑하며 자비로우며 겸손하십시오. 악을 악으로 갚거나 모욕을 모욕으로 갚지 말고, 복을 빌어 주십시오. 여러분으로 하여금 복을 상속받게 하시려고 하나님께서 여러분을 부르셨습니다." (벧전3:8~9)

계속해서 벧전 3:11과 잠20:22, 롬12:21, 살전 5:15절을 읽어보십시오.

"악에서 떠나, 선을 행하며, 평화를 추구하며, 그것을 좇아라." (벧전 3:11)

"악을 갚겠다 하지 말아라. 주님을 기다리면, 그분이 너를 구원하신다." (잠20:22)

"악에게 지지 말고, 선으로 악을 이기십시오." (롬12:21)

"아무도 악으로 악을 갚지 말고, 도리어 서로에게, 모든 사람에게, 항상 좋은 일을 하려고 애쓰십시오." (살전5:15)

"너희는 남에게 대접을 받고자 하는 대로 남을 대접하여라 … 너희도 아버지께서 자비로우신 것 같이, 너희도 자비로운 사람이 되어라." (눅 6:31,36)

4월 8일 QT

"가진 사람은 더 받을 것이요, 가지지 못한 사람은 그 가진 것마저 빼앗길 것이다." (막4:25)

11절에서 우리는 제자들에게 "하나님 나라의 비밀이 주어졌다"는 것을 읽습니다. 그 제자들은 예수님께 속하고 주님의 말씀을 가지며 주님과 많은 체험을 합니다. 이제 주님은 "가진 사람은 더 받을 것"이라고 덧붙이고 있습니다. 이것이 의미하는 바는, 그를 알고 그와 함께 산 사람은 항상 그를 더 잘 알게 되는 것입니다. 그는 믿음 속에서 자라고 성숙하며, 그의 삶은 풍부한 열매를 영원히 맺게 됩니다.

예수님에게 우리는 너무 짧게 나아가면 안 됩니다.(막10:28~30, 요17:8,22,24, 딤후1:7,9) 우리가 한 번 가능한 한 구체적으로 "예수님이 나에게 …을 주셨다"라고 써 본다면 충분한 가치가 있습니다.

우리는 넘치게도 받았습니다. 우리는 그의 풍부함에서 그분께 받을 것을 끊임없이 길어낼 수 있는 겁니다. 이로써 우리의 세 번째 책임이 그려집니다.

"그대는 그대가 배워서 굳게 믿는 그 진리 안에 머무십시오." (딤후3:14)

"우리 주님이시며 구주이신 그리스도 예수에 대한 지식과 그의 은혜 안에서 자라십시오." (벧후3:18)

하지만 우리 주님은, 이러한 머묾과 성장이 내 의지를 비켜가며 또 자동으로 일어나지 않는다는 것을 아시고 있습니다.

그래서 그는 마가복음 4장 25절에 진지한 경고를 하시고 있습니다:

"가지지 못한 사람은 그 가진 것마저 빼앗길 것이다."

이것은 예수님을 모르는 사람에게 진정한 이득을 취할 기회를 만드는 것처럼 부당하게 들립니다. 그러나 여기서 예수님은 믿지 않는 사람을 겨냥한 게 아니라 이미 예수님을 알기는 하지만 순종하지 않는 사람들에 대해 말하고 있습니다.

주님의 말씀과 사랑을 파업하고 마가복음 10장 22절에 나오는 젊은이처럼 힘없이 나아가는 사람에게는, "예수님과의 만남에서 짐 가득한 순간 외에 어떤 것도 남아있지 않습니다. 한 번 빛났던 진리는 다시 사라질 수 있고, 영적 종자가 우리에게서 멸망할 것입니다." (A. Pohl)

"지혜로운 사람은 훈계할수록 더욱 지혜로워지고 의로운 사람은 가르칠수록 학식이 더할 것이다." (잠9:9)

4월 9일 QT

"예수께서 또 말씀하셨다. '하나님 나라는 이렇게 비유할 수 있다. 어떤 사람이 땅에 씨를 뿌려 놓고, 밤낮 자고 일어나고 하는 사이에 그 씨에서 싹이 나고 자라지만, 그 사람은 어떻게 그렇게 되는지를 알지 못한다. 땅이 저절로 열매를 맺게 하는데, 처음에는 싹을 내고, 그 다음에는 이삭을 내고, 또 그 다음에는 이삭에 알찬 낟알을 낸다. 열매가 익으면, 곧 낫을 댄다. 추수 때가 왔기 때문이다.'" (막4:26~29)

예수: 작은 자를 위한 큰 구원

씨 자라는 비유는 "하나님 나라'에 대한 첫 번째 비유입니다. 예수님 시대에 많은 사람들은 하나님 나라를 갈망해 왔는데, 하나님이 눈에 보이게 이 땅에 오셔서 통치권을 손에 가지며'어느 누구도 그것을 앗아가지 못할 것이다"라는 식으로 그려왔습니다. 또한 하나님 나라를 실현시키기 위해 무엇을 해야 하는가 (이를테면 바리새적 율법준수나 열혈당원의 혁명같은 것) 하는 구체적인 생각도 있었습니다.

많은 사람이 생각하기를, 하나님 나라가 도래하면 모든 게 철저하게 다 변하며 특히 긴장된 정치 상황이 바뀔 거라는 것입니다.

예수님은 그러한 기대와 실망에 대해 하나님 나라 비유로 답하셨습니다. 예수님은 자연에서 씨가 자라는 예를 들어 하나님 왕의 통치의 근본적인 것을 보게 하셨습니다. 즉 자라나는 씨가 인간의 손을 타지 않고 조용히 지속적으로 자란다면, 하나님 나라도 그와 같을 것입니다. 성장이 하루 하루 보이지는 않지만 좀 더 시간을 넓히면 보입니다. 인내심 있는 기다림이 필요합니다.

"지나친 경건의 온실 효과는 성장을 촉진시키기보다 잘 해 봤자 눈에 띄는 우스꽝스러움을 장려할 뿐 입니다." (J. Drechsel)

"힘으로도 되지 않고, 권력으로도 되지 않으며 오직 나의 영으로만 될 것이다." (스4:6)

우리의 조심스러운 작업이나 성실한 노력도 중요하지만, "성장과 번창은 하늘의 손에 놓여있습니다." (M.Claudius) 그래서 예수 제자들은 편안히 머무를 수 있습니다. 크신 하나님의 능력을 믿는 믿음 속에서, 그들은 자신들의 작은 힘과 다른 것으로는 '할 수 없음'에 대한 수용을 배웁니다.

이것은 우리가 우리 효과에 대해 아는 것보다 훨씬 더 방대하게 나타납니다. 그래서 우리는 하나님의 위대하신 행함을 믿고 위로 받으며 우리의 작은 행동을 수행하려고 하는 것입니다.

"여러분도 참으십시오. 마음을 굳게 하십시오. 주님께서 오실 때가 가깝습니다." (야5:8)

4월 10일 QT

"땅이 저절로 열매를 맺게 하는데, 처음에는 싹을 내고, 그 다음에는 이삭을 내고, 또 그 다음에는 이삭에 알찬 낟알을 낸다. 열매가 익으면 곧 낫을 댄다. 추수 때가 왔기 때문이다."(막4:28~29)

자연 속 성숙과정으로부터 우리는 하나님 나라의 영향력을 배울 수 있습니다. 하나님이 조용히, 꾸준히, 그리고 멈춤 없이 영향을 주신다는 것입니다. 나무들은 그것들의 성장력으로 딱딱한 돌 표면을 뚫고 솟아오르고 작은 식물도 굳은 아스팔트 표면 사이로 구멍 뚫고 나올 수 있습니다.

"땅이 있는 한, 뿌리는 때와 거두는 때, 추위와 더위, 여름과 겨울, 낮과 밤이 그치지 아니할 것이다." (창8:22상)

하나님의 말씀이 선포되는 한 추수 때까지 씨 뿌림, 성장, 번성이 멈추지 않습니다.

수많은 악화, 손실, 곤경에도 불구하고, 우리는 항상 새롭게 예수님의 복음을, 힘과 신뢰를 가지고 감히 전파해야 할 것입니다. 그 이유는 하나님은 '인내'의 하나님이고 '희망'의 하나님이시기 때문입니다. 하나님은 시간을 가지고 계시고 또 하나님이 시간을 주십니다. 추수 때까지 말입니다. "곧 그는 낫을 댑니다. 추수 때가 왔기 때문입니다." (29절)

낫에 대한 형상은 요엘서 3장 13절을 보면 하나님의 심판과 관련되어 나타납니다. 여기서는 총 3가지가 언급됩니다.

첫째, 은총의 시간은 제한된 시간이라는 것입니다.

시간이 영원으로 '응집해 들어가는' 날이 올 것입니다. 그래서 우리는 "지금이야말로 은혜의 때요, 지금이야말로 구원의 날입니다"(고후6:2 하)를 진지하게 받아들여야 합니다.

둘째, 역사는 어떤 이중 출구를 가집니다.

결국에는 누가 '밖에' 살고 누가 '안에' 사는지, 누가 하나님의 왕 통치에서 벗어나느냐 아니면 거기에 순복하느냐가 불가항력적으로 확정됩니다.

셋째, 하나님은 열매, 특히 튼튼하고 성숙한 열매를 찾으십니다. 또 그것을 기뻐하십니다. 추수 시간은 기쁨의 시간입니다.

하나님께 돌아온 죄인에 대해 하늘에서는 이미 즐거움이 다스린다면, 마지막에 완성될 때 이 기쁨은 얼마나 크고 방대하겠읍니까! 무력감이 우리를 애워싸고 계속적 진행이 힘들지라도, 우리는 이미 지금 그것을 기뻐하고 있습니다.

"거두어들일 곡식이 다 익었으니 너희는 낫을 가지고 와서 곡식을 거두어라." (요3:13상)

"하나님께서는 여러분에게 온갖 은혜가 넘치게 하실 수 있습니다. 그러하므로 여러분은 모든 일에 언제나, 쓸 것을 넉넉하게 가지게 되어서, 온갖 선한 일을 얼마든지 할 수 있습니다. 심는 사람에게 심을 씨와 먹을 양식을 공급하여 주시는 하나님께서, 여러분에게도 씨를 마련하여 주시고, 그것을 여러 갑절로 늘려주시고, 여러분의 의의 열매를 증가시켜 주실 것입니다. 하나님께서 여러분을 모든 일에 부요하게 하시므로, 여러분이 후하게 헌금을 하게 될 것입니다. 우리가 여러분의 헌금을 전달하면, 많은 사람이 하나님께 감사드릴 것입니다." (고후9:8,10,11)

4월 11일 QT

"또 말씀하셨다. '우리가 하나님의 나라를 어떻게 비길까? 또는 무슨 비유로 그것을 나타낼까? 겨자씨와 같으니, 그것은 땅에 심을 때에는 세상에 있는 어떤 씨보다도 더 작다. 그러나 심고 나면 자라서, 어떤 풀보다 더 큰 가지들을 뻗어, 공중의 새들이 그 그늘에 깃들일 수 있게 된다.'" (막4:30~32)

첫 번째 씨 뿌리는 비유에서는 씨 뿌리는 과정에 중점을 두었고, 두 번째는 성장에, 세 번째는 마지막 결과물에 중점을 두었습니다.

겨자씨 비유는 대비를 이룹니다. 즉 아무 것도 아닌 것에서, 미천한 작은 것에서 큰 것이 자라난다는 것입니다. 하나님 나라에도 이것은 똑같이 적용됩니다. "하나님의 다스림, 홀로 가장 위에 계십니다. 확실합니다. 하지만 아래로 향하십니다. 가장 위대한 자가 가장 작은 자로 나타나십니다." (A. Pohl)

하나님과의 화해라는 가장 위대한 선물을 우리에게 주기 위해, 하나님 아들 스스로가 자신을 작게 만들었습니다. 빌 2:6~11, 고전1:18~31을 우리는 읽고 다음을 생각할 수 있습니다. 즉, 이 두 단락이 내 개인에게 어떤 격려를 주고 있는가(함께 일하는 우리에게 있어) 하고 말입니다.

예수님은 어떤 추종자가 작업 현장이나 가정에서 기독인으로서 고독감이나 힘 부침, 혹은 부족한 자존감 때문에 고통당할 수 있다는 것을 알고 있습니다.

"나는 도대체 누구인가? 내가 도대체 무슨 일을 펼칠 수 있단 말인가?"

그런 질문은 당연한 겁니다.

하지만 우리는 위대한 주님에 대해 너무 과소평가해서는 안 됩니다! 그는 작은 힘에도 문을 열게 하십니다. 그는 겨자씨 믿음을 칭찬하시고 의인의 기도에 큰 효과를 약속하시며 작은 무리에도 하나님 나라를 말씀하십니다.

"두려워하지 말아라. 적은 무리여, 너희 아버지께서 그의 나라를 너희에게 주시기를 기뻐하신다." (눅12:32)

우리는 아버지와 아들을 자랑할 근거를 충분히 가집니다. 우리가 아픈 그 곳에서 그에게 얘기할 수 있고 그의 친근한 말씀을 감사함으로 늘 다시 받아들일 수 있습니다.

"그러나 주님께서는 내게 이렇게 말씀하셨습니다. '내 은혜가 네게 족하다. 내 능력은 약한 데서 완전하게 된다.' 그러므로 그리스도의 능력이 내게 머무르게 하기 위하여 나는 더욱 더 기쁜 마음으로 내 약점들을 자랑하려고 합니다." (고후12:9)

"우리에게 당신의 왕의 권세를 보여주셔서 불안과 의심을 잠 재우소서. 당신만이 온전히 가질 수 있습니다. 주여, 우리는 조용하게 하시고 당신이 말씀하소서." (O. Riethmueller)

"그는 자기를 낮추시고, 죽기까지 순종하셨으니, 곧 십자가에 죽기까지 하셨습니다." (빌2:8)

4월 12일 QT

"또 말씀하셨다. '우리가 하나님의 나라를 어떻게 비길까? 또는 무슨 비유로 그것을 나타낼까? 겨자씨와 같으니, 그것은 땅에 심을 때에는 세상에 있는 어떤 씨보다도 더 작다. 그러나 심고 나면 자라서 어떤 풀보다 더 큰 가지들을 뻗어, 공중의 새들이 그 그늘에 깃들일 수 있게 된다.'" (막4:30~32)

"그러나 심고 나면 자라서 어떤 풀보다 더 큰 가지들을 뻗는다."

"사람들은 소위 말해서 채소로 검은 겨자씨를 심습니다. 그 씨가 다른 정원 식물 사이에 2~3미터 높이로 솟아오를 때 사람들은 그것을 보통 '나무'라 일컫습니다. 이것은 모두가 다 서로 평화 가운데 사는 큰 왕국을 상징합니다. 새는 에스겔 31:6처럼 거대한 모든 민족을 말합니다. 마지막 때 하나님 통치의 개념은 이방 민족 포함을 요구합니다. 이 관계에서 그늘은 당연히 죽음의 그늘이 아니라 작열하는 태양으로부터의 구원을 말합니다 … 그래서 모든 이를 위한 삶의 가능성이 멀리 그리고 넓게 퍼져 있는 것입니다." (A. Pohl)

선교와 복음화는 부활하신 예수님의 우선 목록 첫 부분에 있습니다. 이론적으로는 그것이 우리에게 명확합니다. 하지만 우리의 실행은 어떻게 보이나요?

스스로 이를 위해 조직되고 그 임무를 정돈하는 막중한 책임이 있는 하나의 공동체가, 예수 그리스도의 선교 명령에 전적으로 순종하지 않고, 또 삶의 영역을 거기서부터 방향설정하지 않는다면, 조만간 시들어 죽어버릴 겁니다.

초대 기독 공동체에 사회적 긴장이 나타났을 때, 이것이 그렇게 잘 해결되어 복음의 확장이 늘 항상 첫 번째 우선 과제였고 그래서 심지어 "많은 제사장이 예수 믿는 믿음에 순종하게 되었습니다." (행6:7)

게다가 "예수 공동체는 하나님의 언약에 따라 성장하고, 수나 그 믿음에 있어, 또 사랑과 소망에 있어서도 마찬가지로 성장합니다. 공동체는 이러한 성장을 간구할 수 있고, 또 그것을 위해 일할 수 있습니다. 궁극적으로 이러한 성장은 하나님의 선물인 것입니다." (M. Herbst)

"너의 큰 가지 속에서는 공중의 모든 새가 보금자리를 만들고, 가는 가지 밑에서는 들의 모든 짐승이 새끼를 낳고, 그 나무의 그늘 밑에서는 모든 큰 민족이 자리 잡고 살았다." (겔31:6)

"이 복음은 온 세상에 전해진 것과 같이, 여러분에게 전해졌습니다. 여러분이 하나님의 은혜를 듣고서 참되게 깨달은 그날로부터, 여러분 가운데서와 같이 온 세상에서 열매를 맺으며 자라고 있습니다." (골1:6)

4월 13일 QT

"예수께서는, 그들이 알아들을 수 있는 정도로, 이와 같이 많은 비유로 말씀을 전하셨다. 비유가 아니면 말씀하지 않으셨으나, 제자들에게는 따로 모든 것을 설명해 주셨다. 그 날 저녁이 되었을 때에, 예수께서 제자들에게 말씀하셨다. '바다 저 쪽으로 건너가자.' 그래서 그들은 무리를 남겨 두고, 예수를 배에 계신 그대로 모시고 갔는데, 다른 배들도 함께 따라갔다. 그런데 거센 바람이 일어나서, 파도가 배 안으로 덮쳐 들어오는 바람에 물이 배에 벌써 가득 찼다. 예수께서는 고물에서 베개를 베고 주무시고 계셨다. 제자들이 예수를 깨우며 말하였다. '선생님, 우리가 죽게 되었는데도, 아무렇지도 않으십니까?' 예수께서 일어나 바람을 꾸짖으시고, 바다더러 '고요하고, 잠잠하여라' 하고 말씀하시니, 바람이 그치고, 아주 고요해졌다. 예수께서 그들에게 말씀을 하셨다. '왜들 무서워하느냐? 아직도 믿음이 없느냐?' 그들은 큰 두려움에 사로잡혀서 서로 말하였다. '이분이 누구이기에, 바람과 바다까지도 그에게 복종하는가?'" (막4:33~41)

주님이 제자들 믿음을 위해 애쓰다

예수님은 제자들과만 있는 시간을 늘 가지고 있었습니다. 여기에도 '그들이 혼자 있었을 때 그는 제자들에게 모든 걸 내버려두는' 상황이었습니다. 일상 내내 쫓기는 동안에도 군중의 사람들에게서 물러난 시간, 다시 정신을 차리고 긴장 푸는 시간, 의견 교환하고 배우는 시간 등은 믿음을 강화시키고 공동체를 튼튼하게 하는데 기여해야 했습니다.

하지만 그 강해진 믿음도 종종 시험당합니다. 우리는 그런 격렬한 이상

기류와 폭풍을 만나 불안해 하고 겁을 냅니다. 제자들도 갑자기 현실적으로 존재의 위협 속에 있게 되었습니다. "하지만 그들은 배에 예수님을 가지고 있습니다. 그렇다면 겁내어서는 안 되는 겁니다!"

제자들이 하나님에 대해 알았던 것이 이제 아무 소용이 없게 된 것일까요?

"큰 물소리보다 더 크시고 미친 듯이 날뛰는 물결보다 더 엄위하신 주님, 높이 계신 주님은 더욱 엄위하십니다"(시93:4)라는 사실은 어떻게 되었나요?

폭풍 시험받는 자들은 하나님에 대해 많은 것을 압니다. 그들은 자기 대장이 배에 있다는 것도 압니다. 단지 그가 잠들었다는 것, 오랜 작업시간의 과로로 진을 다 빼서 피곤한 채 그는 배 뒤에 몸을 눕힌 것입니다. 하지만 제자들은 주님이 주무시는 것을 자기들을 무시하는 것으로 간주하여, "선생님, 우리가 죽게 되었는데도, 아무렇지도 않으십니까?"라고 합니다. 잠시 후 예수님께서 "왜들 무서워하느냐? 아직도 믿음이 없느냐?"라고 되묻습니다. 주님은 38절에 제자들의 믿음 없음을 책망하고 계십니다.

그들은 마치 예수님이 안 계신 것처럼 행동했습니다. 우리는 어떻습니까?

모든 것이 우리에 반대하는 것처럼 보여도 예수님은 우리를 위하십니다. 그는 우리가 위험에 처하도록 내버려두지 않습니다. 그는 도움 주실 때도 늦지 않으십니다. 이사야 43장 2절에서 주님께서 말씀하시는 것은 무엇을 의미하는가요?

"네가 물 가운데로 건너갈 때, 내가 너와 함께 하고, 네가 강을 건널 때에도 물이 너를 침몰시키지 못할 것이다. 네가 불 속을 걸어가도, 그을리지 않을 것이며, 불꽃이 너를 태우지 못할 것이다." (사43:2)

4월 14일 QT

"예수께서 일어나 바람을 꾸짖으시고, 바다더러 '고요하고, 잠잠하여라' 하고 말씀하시니, 바람이 그치고, 아주 고요해졌다. 예수께서 그들에게 말씀을 하셨다. '왜들 무서워하느냐? 아직도 믿음이 없느냐?' 그들은 큰 두려움에 사로잡혀서 서로 말하였다. '이분이 누구이기에, 바람과 바다까지도 그에게 복종하는가?'" (막 4:39~41)

예수님은 자연 재난을 다스리는 주인이십니다. 주님이 주무시는 것을 보면 알 수 있습니다. 잠 속에서조차 그들은 주님에게 아무런 피해를 줄 수 없었습니다. 이것도 그의 영역임을 보여줍니다. 말 그대로 "…그는 바람을 꾸짖는 겁니다." 꾸짖음 속에서 예수님은 그의 창조 권한과 주인 권한을 선포하고 있습니다.

바다를 향해 그는 "고요하라. 잠잠하라!"라고 말합니다. 예수님이 사람뿐 아니라 자연까지 다스리는 것이 눈에 뜨입니다. 이것을 가지고 주님이 자연에 영혼이 깃든 것으로 여겼다고 추론해서는 안 됩니다.

"예수께서 그 나무에게 말씀하셨다. '이제부터 영원히 네게서 열매를 따 먹을 사람이 없을 것이다 …' 내가 진정으로 너희에게 말한다. '누구든지 이 산더러 번쩍 들려서 바다에 빠져라 하고 말하고 마음에 의심하지 않고 말한 대로 될 것을 믿으면 그대로 이루어 질 것이다.'" (막11:14·23)

이 거대한 폭풍을 거대한 정적으로 변하게 하신 주님입니다! 주님이 명령하시는 곳은 정적으로 바뀝니다. 낭패의 폭풍 속에 머물렀던 그곳에서 예수 사람들은 이것을 경험했습니다.

우리 주님의 능력은 너무나 커서, 불안한 가운데서도 깊은 평안을 선사해 주십니다.

"내가 고난의 길 한 복판을 걷는다고 하여도 주님께서 나에게 새 힘을 주시고, 손을 내미셔서, 내 원수들의 분노를 가라앉혀 주시며 주님의 오른 손으로 나를 구원하여 주십니다." (시138:7)

고뇌와 슬픔 한가운데서도 "주님의 말씀이 나를 살려 주었으니, 내가 고난을 받을 때에, 그 말씀이 나에게 큰 위로가 되었습니다." (시119:50)

내몰려 출구가 없는 한가운데서도 "내가 의롭게 산다고 하여, 주님께서 나에게 상을 내려 주시고, 나의 손이 깨끗하다고 하여 주님께서 나에게 보상해 주십니다." (시18:20)

불안과 걱정 가운데서도 "내 마음이 번거로울 때에는, 주님의 위로가 나를 달래 줍니다." (시94:19)

성경에서는 이러한 순간을 어떻게 부릅니까? '거대한 폭풍'(37절)과 '큰 정적'(39절) 이후 제자들의 맘 속에는 '큰 경외심'(41절)이 생겨나게 됩니다. 그들은 바람과 물결을 꾸짖으시는 주님이 우리 마음까지도 다스릴 거라 생각합니다. 경배와 찬양, 그리고 모든 영광이 이 왕에게 속합니다.

"주님은 소용돌이치는 바다를 다스리시며, 뛰노는 파도도 진정시키십니다." (시89:9)

"폭풍이 잠잠해지고, 물결도 잠잠해진다." (시107:29)

4월 15일 QT

"예수께서 그들에게 말씀하셨다. '왜들 무서워하느냐? 아직도 믿음이 없느냐?' 그들은 큰 두려움에 사로잡혀서 서로 말하였다. '이분이 누구이기에, 바람과 바다까지도 그에게 복종하는가?'" (막4:40~41)

"이 사람이 도대체 누구냐?" 제자들은 예수님에게서 이미 많은 것을 배우고 체험했습니다. 예수님이 악령보다 세고(막1:27하), 병보다 강하며(막1:30-31, 40-42), 죄의 힘보다 더 힘 있고(막2:9-11, 14,17), 안식일보다 더 위대하며(막2:28), 진정한 하나님 말씀 선포자(막4:1이하)임을 보았습니다.

하지만 이제 이들은 다음을 체험하게 됩니다. 우리가 예수님을 가지고 있다는 건 폭풍까지도 잠잠케 할만큼 보증기한이 없다는 것입니다. 그리고 그들은 어부와 뱃사람으로서의 자신들의 큰 경험이 이제 끝났다는 것을 체험합니다. 그들은 자기 자신을 이제 믿을 수가 없습니다. 삶의 위협으로만 보면 그들은 위축되고 용기가 없어져 예수 따르는 것을 갑판 밖으로 내던져버렸을 겁니다.

"왜 너희는 그렇게 두려워하느냐?"라는 주님의 질문은 "살아남고 싶으면 헬라어 원문의 해설처럼 따를 결심을 해야 한다"를 뜻합니다.

우리의 믿음에 위기가 올 때, 우리가 주님이 주무시고 나를 돌아보지 않는다는 느낌을 받을 때, 우리는 소리를 질러야 합니다.

"이스라엘을 지키시는 분은, 졸지도 않으시고, 주무시지도 않으신다." (시121:4)

예수님이 내 삶의 배 안에 있다면 분명히 나는 안전한 물가에 도달 할 수 있습니다. 예수님과 함께라면 - 이것은 하나님 자신과 배에 있는 것을 말하는데 - 우리는 멸망하지 않습니다!

그 이유는 그는 사람 속에 있는 생명이며 자기 양들을 돌보는 선한 목자이기 때문입니다. 그는 양들을 너무 잘 돌보셔서, 그들을 위해 그들과 영원히 함께 하기 위해 승리하게끔 자기 생명을 장착해주셨기 때문입니다.

"그러므로 우리는 낙심하지 않습니다. 우리의 겉사람은 낡아가나, 우리의 속사람은 날로 새로워집니다." (고후4:16)

4월 16일 QT
(그동안 마가복음 4장 묵상이 끝나고, '가시나무, 몰약, 밀알-식물들이 고난과 부활을 말하다'라는 제목의 묵상을 오늘부터 시작합니다.)

"유월절 엿새 전에, 예수께서 베다니에 가셨다. 그곳은 예수께서 죽은 사람 가운데서 살리신 나사로가 사는 곳이다. 거기서 예수를 위하여 잔치를 베풀었는데, 마르다는 시중을 들고 있었고, 나사로는 식탁에서 예수와 함께 음식을 먹고 있는 사람 가운데 끼어 있었다. 그때 마리아가 매우 값진 순 나드 향유 한 근을 가져다가 예수의 발에 붓고, 자기 머리털로 그 발을 닦았다. 온 집 안에 향유 냄새가 가득 찼다. 예수의 제자 가운데 하나이며 장차 예수를 넘겨 줄 가룟 유다가 말하였다. '이 향유를 삼백 데나리온에 팔아서 가난한 사람들에게 주지 않고, 왜 이렇게 낭비하는가?' (그가 이렇게 말한 것은 가난한 사람을 생각해서가 아니다. 그는 도둑이어서 돈 자루를 맡아 가지고 있으면서, 거기에 든 것을 훔쳐내곤 하였기 때문이다.) 예수께서 말씀하셨다. '그대로 두어라. 그는 나의 장사 날에 쓰려고 간직한 것을 쓴 것이다. 가난한 사람들은 언제나 너희와 함께 있지만, 나는 언제나 너희와 함께 있는 것이 아니다.'" (요:12:1~8)

나드

나드는 쥐오줌풀 과에 속합니다. 뿌리나 줄기 밑 부분에서 아로마 액을 채취할 수 있는데, 다른 성분들을 첨가해서 나드 수액, 나드 기름으로 솔로몬 시대 때부터 거래되어왔습니다. 높은 운반비 때문에(나드의 원 생산지역은 히말라야) 작은 병 하나도 꽤 비쌉니다.

이 보물은 좋은 향기만 퍼뜨리는 게 아닙니다. 이것은 삶의 화복을 위한 재정적 후원을 나타내기도 했습니다. 마리아는 그녀의 특별한 손님의 발 위에 기름을 다 쏟아부었습니다.

몇 개의 상반되는 일이 일어납니다.

- 예수님은 죽음에서 생명으로 깨우신 나사로의 집을 방문합니다. 하지만 바리새인들과 제사장들은 그를 죽일 결심을 합니다!

- 유다는 나드의 사용이 사회적 필요를 고려할 때 너무 무모하다고 평가합니다. 하지만 진리에서 볼 때 유다는 예속되어 있습니다!

- 나사로 무덤에서 예수님은 그가 곧 부활이요 생명이라고 설명합니다. 하지만 지금 그는 기름 부음으로 자기 자신의 장례에 대해 말하고 있습니다!

그래서 나드 기름은 우리 주 예수 그리스도의 죽음을 다루는 동인이 되고 있습니다. 죽음은 인간 존재에 속하는 것입니다. 하지만 이것은 우리가 어떤 '일반적인 것'으로 체험하지 않고, 나사로의 경우처럼 손실이나 고통으로 체험합니다. 유다나 바리새인들, 대제사장들에서처럼 예수님 없이는 한 인간의 심판 능력은 어두워집니다. 그래서 예수님이 그의 전능하심을 개입시켜 죽은 사람을 살린다 해도 그건 충분치 않습니다.

죽음과 어둠의 심연은 극복되어야만 합니다. 이것은 '한 사람이 모두를 위해 죽고' 장사 되고 다시 살아날 때, 실제 일어날 수 있습니다. 바로 이 분만이 우리 삶이 나아가야 할 모든 것이고 우리가 그의 발 앞에 엎드릴 가치가 있는 분입니다.

4월 17일 QT

"남자에게는 이렇게 말씀하셨다. '네가 아내의 말을 듣고서, 내가 너에게 먹지 말라고 한 그 나무의 열매를 먹었으니, 이제, 땅이 너 때문에 저주를 받을 것이다. 너는, 죽는 날까지 수고를 하여야만, 땅에서 나는 것을 먹을 수 있을 것이다. 땅은 너에게 가시덤불과 엉겅퀴를 낼 것이다. 너는 들에서 자라는 푸성귀를 먹을 것이다. 너는 흙에서 나왔으니, 흙으로 돌아갈 것이다. 그때까지, 너는 얼굴에 땀을 흘려야 낟알을 먹을 수 있을 것이다. 너는 흙이니, 흙으로 돌아갈 것이다.'" (창:3:17~19)

가시나무와 엉겅퀴

가시나무와 엉겅퀴는 성경에서 대체로 잡초에 속하고 유용식물의 성장을 방해하는 집합개념입니다. 그래서 이 식물들은 사람들에게 환영받지 못했습니다. 하지만 하나님과의 역사에서는 특별한 공간을 가집니다.

에덴에서 가시나무는 하나의 심판 말씀입니다. 비옥한 땅은 미래에 농작지를 예시해야 하는데, 이 땅은 하나님의 저주 아래 서 있습니다. 가시나무가 자라 씨 뿌림과 추수라는 축복받은 순환을 방해하는데, 이것은 아담의 죄의 결과입니다. 동시에 가시나무와 엉겅퀴는 많은 해를 입히는 기억을 갖게 합니다. 즉 하나님과의 신뢰 공동성을 파괴하고 하나님께 가까이 나아가는 것을 막는다는 것입니다. 이제부터 죽음의 그늘이 모든 사람의 생명에 드리우는 것입니다.

- 미디안 사막에는 가시나무가 구원 말씀의 현장입니다. 이집트에서의 이스라엘의 노예사역은 끝나야 합니다. 하나님께서 모세에게 "나

는 내 백성의 고통 받는 것을 똑똑히 봤고 … 그들이 부르짖는 소리를 들었고 … 그들의 고난을 분명히 안다. 이제 내가 내려가서 … 그들을 구하겠다…"(출3:7~8)라고 하셨습니다. 그들은 무엇에서부터 해방일 뿐 아니라 무엇을 위해 구원된다는 것입니다. 즉 어떤 새로운 확정을 가진 새로운 생명을 위한 것입니다. 하지만 백성의 죄는 어떤 새로운 파국의 길을 걷게 합니다.

 - 십자가상에서 예수님은 가시 면류관을 쓰십니다. 이것은 심판과 구원의 장소입니다. 골고다 길에서 예수님은 인류 전체의 죄에 대한 하나님의 저주와 분노를 자기가 지고 가십니다. 죽으시면서 예수님은 "이제 다 이루었다"는 구제의 말씀을 하십니다.

 "그가 징계를 받음으로 우리가 평화를 누리고, 그가 매를 맞음으로써 우리의 병이 나았다." (사53:5하)

4월 18일 QT

"우슬초로 나를 정결케 해주십시오. 내가 깨끗하게 될 것입니다. 나를 씻어 주십시오. 내가 눈보다 더 희게 될 것입니다. 기쁨과 즐거움의 소리를 들려주십시오. 주님께서 꺾으신 뼈들도, 기뻐하며 춤출 것입니다. 주님의 눈을 내 죄에서 돌리시고 내 모든 죄악을 없애 주십시오." (시:51:7~9)

우슬초

왕으로서 다윗에게는 결혼한 여자를 취하고 그 여자의 남편을 제거하는 게 쉬운 일이었습니다. 하지만 자신의 사망판결에 마주치면서, "당신이 바로 그 사람이요!" 죄의 미궁에서 빠져나갈 작은 길도 없다는 것을 알게 됩니다. 그는 자신의 죄를 뉘우칩니다. 은혜만이 그를 구할 수 있습니다. 그래서 그는 하나님에게 용서를 구하고 깨끗이 씻어지기를 간구합니다.

그의 죄 인식이 얼마나 깊은가 하는 것은 '우슬초로 죄 용서받기' 원한 데서 볼 수 있습니다.

관목 비슷한 이 식물은 이스라엘에 없기에, 성경에 나오는 우슬초는 아마도 요즘 '시리아 우슬초'라 종종 불리는, 마요라나나 꽃 박하 잎 같은 종류를 말할 것입니다. 그것은 성수채로 사용되었습니다. 제사장은 우슬초 포기를 문둥병에서 나은 사람에게 일곱 번 뿌렸습니다. 이로써 자신의 청결케 됨을 확정하고 백성들 사회에 다시 참여할 수 있었습니다.

다윗은 또 다른 말로 표현했습니다.

"나를 완전히 깨끗하게 하셔서 나에게 어떤 죄도 붙지 말게 하소서. 당신과 다시 연합하게 하시고 당신을 믿는 그 사람들의 모임에 나를 옮겨주소서."

수난 사건에서도 우슬초는 어떤 역할을 했습니다. 요한은 다음과 같이 기록했습니다.

"거기에 신 포도주가 가득 담긴 그릇이 있었는데, 사람들이 해면을 그 신 포도주에 듬뿍 적셔서, 우슬초 대에다가 꿰어 예수의 입에 갖다 대었다." (요19:29)

깨끗하게 하도록 우슬초를 뿌릴 필요가 없는 하나님의 아들이 십자가상에서 고통당하고 목말라 합니다. 그는 죄가 없으십니다. 하지만 죄인의 손에서 식초와 우슬초를 받아들이시는, 깨끗하신 그분은 아버지께로 들어가는 문을 여시고 하나님의 가족으로 우리를 받아주십니다.

"그는 우리 죄를 자기의 몸에 몸소 지시고서 나무에 달리셨습니다. 그것은 우리가 죄에는 죽고 의에는 살게 하시려는 것이었습니다. 그가 매를 맞아 상함으로 여러분이 나음을 얻었습니다." (벧전2:24)

"주님, 내 입술을 열어주십시오. 주님을 찬양하는 노래를 내 입술로 전파하렵니다." (시51:15)

4월 19일 QT

"그들은 그 별을 보고 무척이나 크게 기뻐하였다. 그들은 그 집에 들어가서, 아기가 그의 어머니 마리아와 함께 있는 것을 보고, 엎드려서 그에게 경배하였다. 그리고 그들의 보물 상자를 열어서, 아기에게 황금과 유향과 몰약을 예물로 드렸다."
(마2:10~11)

몰약

구유와 십자가는 서로 밀접한 관계에 있습니다. 말구유에서 하나님께서 사람으로 세상에 오시고, 가련하게 도움도 받지 못하고 구유에 누워 사람들에게 인도되었습니다. 예수님은 십자가상에서 수치스러운 죽임을 당하셨는데, 인간 통치의 잔혹한 처형기구에 가련하게 인도되었습니다.

우리는 이 두 보고에서 놀랍게도 몰약에 대해 읽을 수 있습니다. 여기서 중요한 사항은, 향기 많은 수지(송진)가 가시 돋친, 남아라비아 관목에서 축출된다는 것입니다.

두 가지가 있는데, 자연스러운 방법으로 틈새의 나무껍질을 통해 새어 나오는 품질 좋은 몰약과, 특정 부위를 상처 내어 짜내는 질이 떨어지는 몰약이 있습니다. 순수한 수지(송진)는 구약에서는 치료용 연고(기름)를 생산하는 데 사용했습니다. (출30:23) 향수로의 몰약은 부유층을 위한 사치 품목이었습니다.

몰약은 금이나 유황처럼 값비싼 왕의 선물로 여겨졌습니다. 동방 박사들이 깊은 경외심을 가지고 몰약을 가져왔습니다. 그들은 유대의 새로 난 왕에게 그들의 인정함을 증명해 보이려고 했습니다. 그러나 정작 자기 백성들은 그들의 왕을 거부하고 예수를 점령국에 맡겨버렸습니다.

"그들이 외쳤다. '없애버리시오! 없애버리시오! 그를 십자가에 못 박으시오!' 빌라도가 그들에게 말하였다. '당신들의 왕을 십자가에 못 박으라는 말이요?' 대제사장들이 대답하였다. '우리에게는 황제 폐하밖에는 왕이 없습니다.'" (요19:15)

"로마의 군사들은 그를 희롱했습니다. 그들은 '그분 앞에 무릎을 꿇고 '유대인의 왕 만세!' 하고 말하면서 그를 희롱하였다. 또 그들은 그에게 침을 뱉고, 갈대를 빼앗아서, 머리를 쳤다." (마27:29하~30)

다른 사람들은 포도주와 몰약을 썩은 음료를 - 이것은 마취 기능이 있는데 - 십자가에 달리기 전에 주님께 드렸습니다. 이 '몰약·선물'은 존경이나 동정의 표현도 아니고 일반적인 처형 루트이었습니다. 예수님은 그것을 받아들이지 않았습니다. 자신의 영적 힘을 다해 그는 십자가에 못 박히도록 내버려 두셨습니다. '나사렛 예수, 유대의 왕'이라는 패 바로 밑에서 말입니다.

"그들은 예수를 골고다라는 곳으로 데리고 갔다. 그들은 몰약을 탄 포도주를 예수께 드렸다. 그러나 예수께서는 받지 않으셨다. 그들은 예수를 십자가에 못 박고 예수의 옷을 나누어 가졌는데, 제비를 뽑아서 누가 무엇을 차지할지를 결정하였다." (막:15:22~24)

4월 20일 QT

"그 뒤에 아리마대 사람 요셉이 예수의 시신을 거두게 하여 달라고 빌라도에게 청하였다. 그는 예수의 제자인데, 유대 사람이 무서워서, 그것을 숨기고 있었다. 빌라도가 허락하니, 그는 가서 예수의 시신을 내렸다. 또 전에 예수를 밤중에 찾아갔던 니고데모도 몰약에 침향을 섞은 것을 백 근쯤 가지고 왔다. 그들은 예수의 시신을 모셔다가, 유대 사람의 장례 풍속대로 향료와 함께 삼베로 감았다. 예수가 십자가에 달리신 곳에 동산이 있었는데, 그 동산에는 아직 사람을 장사한 일이 없는 새 무덤이 하나 있었다. 그 날은 유대 사람이 안식일을 준비하는 날이고, 또 무덤이 가까이 있었기 때문에, 그들은 예수를 거기에 모셨다." (요:19:38~42)

몰약과 침향

예수님은 죽었습니다. 모든 자극적 시선에 맡겨진 채 그의 시신은 십자가에 달려있습니다. 몇 시간 후면 일을 하면 안 되는 안식일이 시작됩니다. 이때 두 명의 남자, 즉 예수님의 비밀스러운 제자 아리마대 요셉과 니고데모가 등장합니다. 그들은 용감한 행보를 감행합니다. 요셉은 시체를 가져다가 자신의 새로운 묘 터에 옮길 계획입니다.

니고데모는 규정에 적합한 장례를 위해 에테르 향기가 나는 기름을 준비합니다. 이 두 사람은 예수님 제자로서 추방 받을 위험에 처해 있습니다. 두 사람은, 사람의 주검에 몸이 닿는 사람은 이레 동안 부정하다(민 19:11)는 부담도 짊어집니다. 이런 방법으로 그들은 예수님이 진정한 왕의 장례를 체험해야 한다는 생각을 한 것입니다.

여기에 몰약과 침향이 특별한 방식으로 제시됩니다.

성경에서 말하는 침향은 원래 인도 오지에서 들여왔고 식물학적 목재와는 달리 향기가 좋은 목재 종류에 속합니다. 사람들은 천 사이에 이 연고를 바릅니다. (많은 학자는 수지의 분말 형태라고도 합니다.) 니고데모는 몰약과 침향을 섞어 백 근(백 리트라이, 이 측량단위는 시대 장소에 따라 조금씩 다름)을 준비합니다. 어림잡아 약 32.75kg인데, 이것은 잘 사는 사람이나 구비할 수 있고 어떤 왕에게나 어울리는 상당한 분량입니다.

우리가 고려해야 할 게, 이 두 수지(송진)가 메시아인, 그 왕을 말합니다.

요셉이나 니고데모가 이 상황에서는 그것을 생각할 수 없습니다. 바리새인들에게서 배운, 죽은 자의 부활에 대한 그들의 믿음마저도 이 시점에서는 먼 미래를 위한 하나의 생각일 뿐입니다.

그 믿음은 십자가를 짊어지시고 죽으신 예수 그리스도와는 아무런 상관이 없습니다. 예수님의 전망 충만한 말씀도 그들에게는 어떤 희망이나 위로를 의미하지는 않습니다. 그들은 단지 놀랄 뿐입니다!

4월 21일 QT

"갈릴리에서부터 예수를 따라다닌 여자들이 뒤따라가서, 그 무덤을 보고 또 그의 시신이 어떻게 안장되었는지를 살펴보았다. 그리고 그들은 집에 돌아가서, 향료와 향유를 마련하였다. 여인들은 계명대로 안식일에 쉬었다. 이레의 첫날 이른 새벽에, 여자들은 준비한 향료를 가지고 무덤으로 갔다. 그들은 무덤 어귀를 막은 돌이 무덤에서 굴려져 나간 것을 보았다. 그들이 안으로 들어가 보니, 주 예수의 시신이 없었다. 그래서 그들이 이 일을 어떻게 해야 할지를 몰라서 당황하고 있는데, 눈부신 옷을 입은 두 남자가 갑자기 그들 앞에 나섰다. 여자들은 두려워서 얼굴을 아래로 숙이고 있는데, 그 남자들이 그들에게 말하였다. '어찌하여 너희들은 살아 계신 분을 죽은 사람들 가운데서 찾고 있느냐? 그분은 여기에 계시지 않고, 살아나셨다. 갈릴리에 계실 때에, 너희들에게 하신 말씀을 기억해 보아라. 인자는 반드시 죄인의 손에 넘어가서, 십자가에 처형되고 사흘째 되는 날에 살아나야 한다고 하셨다.' 여자들은 예수의 말씀을 회상하였다. 그들은 무덤에서 돌아와서, 열한 제자와 그 밖의 모든 사람에게 이 모든 일을 알렸다." (눅23:55~24:9)

향로와 향유

이 여인들이 많은 양의 몰약과 침향을 사용한 후, 시체에 향유를 뿌릴 계획을 했다는 것은 우리를 놀라게 합니다. 이 역할은 다양한 관점에서 해석할 수 있습니다. 발터 뤼티는 신약시대 유대 정신에 여성의 역할을 기록하고 있습니다.

"시체를 다룬다거나 장례나 주검을 관리하는 모든 일이 여자에게 부과

되었는데, 그 이유는 하와 이후 인간 죽음의 주된 책임이 여자에게 있다는 것입니다."

그래서 그들의 관할 영역 속에 마지막 책임을 넘겨받는 그들의 의무로 볼 수 있다는 것입니다.

어쨌든 금요일 매장 때는 모든 것이 신속히 진행되어야 했습니다. 아마 그들은 이제 시신을 철저하게 처리하려고 합니다. 이 경우 그들에게는 값비싼 향유를 더 사용하는 건 소비가 아닙니다. 그들의 사랑이 너무 큰 만큼 죽음 후의 주님을 돌봐야 한다는 필요성이 더 강해집니다. 하지만 그들은 잘못된 전제에서 출발합니다. 예수님을 섬기려는 사람은 어떤 살아있는 그들의 주님을 섬겨야 합니다. 그는 무덤에 안 계십니다. 그는 부활하셨습니다!

천사들의 말이 그 여인들의 기억을 도와줍니다. 이제 예수님이 자기 죽음과 부활을 바라보시고 하신 말씀을 생각합니다. 하지만 여전히 그들은 그 의미를 어렵게 이해할 수밖에 없습니다. 오늘날까지 추종자들은 하나님 말씀을 듣는 것뿐 아니라 믿어야 하는 요구 속에 놓여있습니다.

예수님이 마르다와 우리에게 하시는 말씀이 여전히 유효합니다.

"예수께서 마르다에게 말씀하셨다. '나는 부활이요 생명이니, 나를 믿는 사람은 죽어도 살고, 살아서 나를 믿는 사람은 영원히 죽지 아니할 것이다. 네가 이것을 믿느냐?'" (요11:25~26)

4월 22일 QT

"명절에 예배하러 올라온 사람들 가운데 그리스 사람이 몇 있었는데, 그들은 갈릴리 벳세다 출신 빌립에게로 가서 청하였다. "선생님, 우리가 예수를 뵙고 싶습니다," 빌립은 안드레에게 가서 말하고, 안드레와 빌립은 예수께 그 말을 전하였다. 예수께서 그들에게 대답하셨다. "인자가 영광을 받을 때가 왔다. 내가 진정으로 진정으로 너희에게 말한다. 밀알 하나가 땅에 떨어져서 죽지 않으면 한 알 그대로 있고, 죽으면 열매를 많이 맺는다." (요:12:20~24)

밀알

이방 세계에서 온, 하나님 경외하는 사람들은 예수를 알려고 합니다. 그에 대해 그렇게 많이 들어 본 사람은 누구입니까?

예수님은 - 자주 그러하셨듯이 - 예상했던 것과는 다른 말로 놀라게 하십니다. 그는 자기 나라를 위한 새로운 지지자를 감동시킬 기회로 삼기 위해 자신의 위대함이나 전능함을 승리하는 어투로 말씀하시지 않습니다.

그의 말씀은 무언가를 기대하게 합니다. 밀알 비유로 그는 다음을 바라보게 합니다: 즉 너희들이 알려고 하는 그는 죽을 것이고 죽어야 한다는 것!

어떤 씨앗을 확정하는 것은 보존이 아니라 파종입니다. 인간이 되신 하나님 아들은, 놀라게 하고 섬김 받거나 어떤 왕관을 취할 목적으로, 또 세상권세를 실행하기 위해 오시지 않았습니다. 오히려 많은 사람들에게 자기 생명을 내주기 위해 오셨습니다.

그런데 만약 하나의 밀알이 땅에 떨어져 그 속에 묻혀 죽는다면 놀라운 일이 일어납니다. 씨는 곡식 줄기로 자라 이삭의 알마다 몇 배나 맺습니다. 결과는 풍성한 과일입니다. 밀알이 하나님 아들의 죽음을 위한 그림일 뿐 아니라 그의 부활을 예시하고 있습니다. 예수님은 이 과정을 '영화롭게 됨'으로 부르고 있습니다.

하나님 자신은 자신의 깨어남을 통해 자신의 대표적 죽음의 가치를 확정할 것입니다. 근데 이것이 전부는 아닙니다. 부활에 이어 그의 승천이 잇따릅니다. 거기에서 자기 아버지가 그를 기다리고 있고 자기 오른편 왕좌에 자신의 합당한 자리를 그에게 내어주십니다.

이어 바울은 결과적으로 "그리스도께서 죽으셨다가 살아나신 것은, 죽은 사람에게도 산 사람에게도, 다 주님이 되시려는 것 이었습니다"(롬14:9)라고 기록하고 있습니다.

도마가 "나의 주 나의 하나님"(요20:28)이라고 놀라면서 고백한 것을 우리는 말하고, 또 그에 따라 살아내려고 합니다.

4월 23일 QT

"참으로 너희는 기뻐하면서 바빌론을 떠날 것이며 평안히 인도받아 나아올 것이다. 산과 언덕이 너희 앞에서 소리 높여 노래하며, 들의 모든 나무가 손뼉을 칠 것이다. 가시나무가 자라던 곳에는 잣나무가 자랄 것이며, 찔레나무가 자라던 곳에는 화석류가 자랄 것이다. 이것은 영원토록 남아 있어서, 주님께서 하신 일을 증언할 것이다." (사55:12~13)

화석류와 잣나무

이 두 식물은 고뇌와 죽음을 더 이상 말하지 않고 죄사함의 기적을 강조합니다. 이사야는 바빌론 포로에서 민족이 해방되는 것을 보이기 위해 하나의 상징으로 이것들을 사용하고 있습니다. 찔레나무 대신 화석류가 자란다고 할 때 이 화석류는 이스라엘과 시리아에 있는, 중간 키 정도의 덤불을 나타내고 있습니다. 항상 녹색으로 어둡게 빛나고 있는 잎사귀는 어떤 쾌적한 공기를 흐르게 합니다. 그래서 사람들은 결혼식 때나 초막절 때 이것을 즐겨 사용했습니다. (느8:15)

하나님이 자기 백성을 노예에서 해방시킬 때 번성한 잡초 자리에 화석류 향기가 쌍을 지어 축제일의 기쁨으로 나타납니다!

가시나무 대신 잣나무가 자랍니다. 잣나무는 상록 침엽목재에 속합니다. 벌레가 먹지 않습니다. 잣나무 목재는 내구성으로 알려져 있습니다. 구약시대에 특히 레바논으로부터 들어왔습니다. 솔로몬은 그 가치를 알고 있었고 성전 안쪽 건축을 위해 잣나무를 택했습니다.

하나님이 자기 백성을 구제할 때 고상한 나무의 성장이 저주받은 가시나무 덤불의 성장 위에 승리합니다. 하나님의 속죄는 인간만을 변화시키는 게 아니고 창조물 전체에 해당됩니다.

화석류와 잣나무는 그러하기에 바벨로부터 탈출을 말할 뿐 아니라, 보다 더 먼 미래를 제시하는 상징물로 이해될 수 있습니다. 이스라엘의 미래의 영광은 인간과 창조에 방대한 영향을 줄 것입니다.

성경번역가 한스 브룬스 Hans Bruns는 좀 더 멀리 봅니다.

"마지막에(그의 말씀의) 큰 열매가 자랄 것인데, 즉 하나님 이름에 영광되게 어떤 새로운 인간을 가진 어떤 새로운 창조이다."

우리가 이 위로를 받는 것은 우리의 유일한 구속자 예수 그리스도 덕분입니다.

"'예수가 사셨다!' 그에게 모든 세계를 다스리는 왕국이 주어졌습니다. 그와 더불어 나는 영원히 다스릴 것이고 영원히 살 것입니다. 하나님은 그가 약속하신 것을 다 이루십니다. 이것이 나의 믿음입니다." (C. F. Gellert)

4월 24일 QT
(오늘부터 5월 7일까지 사도행전 27장과 28장에 나타난 '파선과 또 다른 파산'에 대해 묵상합니다.)

"우리가 배로 이탈리아에 가야 하는 것이 결정되었을 때에, 그들은 바울과 몇몇 다른 죄수를 황제 부대의 백부장 율리오라는 사람에게 넘겨주었다. 우리는 아드라뭇데노 호를 타고 출항하였다. 이 배는 아시아 연안의 여러 곳으로 행해하는 배였다. 데살로니가 출신인 마케도니아사람 아리스다고도 우리와 함께 하였다. 이튿날 우리는 시돈에 배를 대었다. 율리오는 바울에게 친절을 베풀어 친구들에게로 가서 보살핌을 받는 것을 허락하였다." (행27:1~3)

국가비용으로

'그것이 결정되었을 때' 이 작지만 매우 의미 있는 문장으로 긴장되고 상세히 기술된 이야기가 시작됩니다. 바울은 더 이상 자유인이 아닙니다. 그에게 선고가 내려졌고 또 그렇게 다루어지고 있습니다. 다른 죄수들과 함께 그는 국가 비용으로 군사들의 감시 아래 로마로 압송되고 있습니다. 누가('우리!'라 표현됨)와 데살로니가 출신 아리스다고가 그와 동행했습니다.

아리스다고는 19장 29절에서 이미 우리에게 알려졌습니다. 바울은 골로새서 4장 10절에 나타난 대로 그를 '함께 갇힌 자'로 불렀습니다. 그도 바울처럼 황제 명으로 갇힌 자 입니까? 우리는 그것을 알지 못합니다. 그 두 남자가 바울과 동행할 수 있다는 것은 바울이 공소제기 했던 어떤 특별한 우정입니다.

백부장 율리오는 바울에게 특별히 친절했습니다. 아마도 그는 바울이 죄 없다는 것을 알았을지 모릅니다. 율리오는 바울에게 시돈에서 바울에게 '석방'을 허락할 생각은 없었습니다. 그는 그곳에서 감시받지 않고 '돌봄 받기' 위해 작은 공동체를 찾아낼 수 있었습니다.

마침내, 마침내 그 많은 투쟁과 싸움을 뒤로 한 이 사람에게 어떤 보호가 이루어진 것입니다. 자신의 경험을 나눌 수 있는 믿음의 형제자매 사이에 있게 되었습니다. 그렇게 긴 안락한 시간은 아니었지만, 공동 기도, 함께 식사하는 것이 얼마나 좋겠습니까?

"그러므로 나는 하나님을 섬기는 일을 그리스도 예수 안에서 자랑스럽게 생각합니다"(롬15:7)처럼 시돈에 있는 기독교인들은 바울과 그의 동반자들을 그렇게 취급했습니다.

"이 사람은 너무 극단적인 자기 견해를 가지고 있다"는 선입관이나, "우리가 이 사람을 받아들인다면 결국은 우리도 추방자의 면갑(앞잡이)이 된다"는 불안감도 없었습니다.

아무도 시돈의 기독교도에 대해 더 자세한 것을 모릅니다. 예수님은 이 지방에 종종 있었고, 말씀을 선포했으며 무엇보다도 '가나안 여인'을 고쳐주셨습니다. (마15:21~28) 어떤 때는 무리를 지어 그들은 주님께 나아왔습니다. (눅6:17~19) 시돈에 있는 사람들에 대해 예수님은 많은 말을 했습니다. (눅10:13~14)

"고라신아, 너에게 화가 있다. 벳새다야, 너에게 화가 있다. 내가 너희에게 행한 기적들을 두로와 시돈에서 행했더라면, 그들은 벌써 베옷을 입고, 재를 뒤집어쓰고 앉아, 회개하였을 것입니다. 그러나 심판의 날에는 두로와 시돈이 너희보다 더 견디기 쉬울 것이다." (눅10:13~14)

4월 25일 QT

"우리는 시돈을 떠나 뱃길을 갈 때에, 맞바람 때문에 키프로스 섬을 바람막이로 삼아서 항해하였다. 우라는 길리기아와 밤빌리아 앞 바다를 가로질러 항해하여 루기아에 있는 무라에 이르렀다. 거기서 백부장은 이탈리아로 가는 알렉산드리아 배를 만나서 우리를 그 배에 태웠다. 우리는 여러 날 동안 천천히 항해하여, 겨우 니도 앞바다에 이르렀다. 그런데 우리는 맞바람 때문에 더 이상 나아갈 수 없어서, 크레타 섬을 바람막이로 삼아 살로네 앞바다를 항해하여 지나갔다. 그리고 우리는 크레타 남쪽 해안을 따라 겨우겨우 항해하여 라새아 성에서 가까운 도시인 '아름다운 항구'라는 곳에 닿았다. 많은 시일이 흘러서 금식 기간이 이미 지났으므로 벌써 항해하기에 위태로운 때가 되었다. 그래서 바울은 그들에게 이렇게 충고하였다. '여러분, 내가 보기에 지금 항해를 하다가는 재난을 당할 것 같은데, 짐과 배의 손실만이 아니라, 우리의 생명까지도 잃을지 모릅니다.' 그러나 백부장은 바울의 말보다는 선장과 선주의 말을 더 믿었다. 그리고 그 항구는 겨울을 나기에 적합하지 못한 곳이므로 거의 모두는 거기에서 출발하여 할 수 있으면 뵈닉스로 가서 겨울을 나기로 뜻을 정하였다. 뵈닉스는 크레타 섬의 항구로, 서남쪽과 서북쪽을 바라보는 곳이다. 때마침 남풍이 순하게 불어오므로, 그들은 뜻을 이룬 것이나 다름없다고 생각하고, 닻을 올리고서, 크레타 해안에 바짝 붙어서 항해하였다." (행27:4~13)

모든 것이 상당히 번거로움

누가가 여행 루트를 상세히 묘사하는 것은 놀라운 일입니다. 오늘날 같으면 함께 여행하는 사람이 그냥 "모든 게 상당히 번거롭다"라고만 생각했을 것입니다.

우리는, 누가가 그때 무엇을 생각했었고 또 성령이 왜 이 항해를 그렇게 상세히 기록했을까 하고 묻습니다. 다음과 같은 보도가 눈에 띕니다. 즉 "바람이 마주쳐 불어왔고 … 우리는 천천히 앞으로 나아갔고…바람이 우리를 나아가지 못하게 했고 … 열심히 우리는 노를 저었으며 … 많은 시간이 흘렀고 항해는 매우 위험했습니다 …" (4·7·9절)

하나님 입장에서 볼 때 충실한 자기 하인에게(바울) 늦은 계절이었지만 쾌적한 바다 여행을 준비하는 게 더 간단했을 겁니다. 게다가 또 마지막 여행이었기 때문에 시월 금빛의 잔잔한 바다가 그에게 더 아름다울 겁니다.

바울은 종종 그 항로를 이용했고 그럴 때 세 번이나 파선에 고통당했습니다. 그리고 하루 밤낮을 바다의 심연 속에서 보냈습니다. 그런데도 그는 하나님에게서 어떤 동업자 상여금을 산정 받지 못합니까? 우리 본문에서 정신적 임무를 한 번 살펴봅시다.

각 사람의 인생 여정은 흔들리는 배 항해와 같습니다.

어떤 날 가벼운 남풍이 분다면 우리는 기쁘고 활동적으로 닻을 올립니다. 이날에는 어떤 것도 우리를 흔들지 못하고 염려케 앉을 정도로 허상으로 우리를 속입니다. 하지만 갑자기 낭떠러지가 생기고 그것의 깊은 심연이 우리의 안전을 앗아갑니다. (시88:5~9) 우리가 대책 없이 역풍이나 어떤 노력의 얘기를 듣지만 이 또한 아무런 의미가 없습니다. 하지만 바울은 그러한 경험을 가지고 바른 방법으로 우회하도록 우리를 도와줍니다. (고후1:3~11)

예수 따르는 사람이 방해나 어려움, 생명의 위협까지 경험한다면 하나님 자신이 그를 위로하십니다. 이것은 우리의 이해를 넘어섭니다. 그가 "우리가 내몰릴 때 위로와 치료하는 일이 너희에게 일어난다"라고 말씀하실 때, 모든 것이 매우 놀랍습니다!

"예언은 언제든지 사람의 뜻에서 나온 것이 아니라, 사람들이 성령에 이끌려서 하나님으로부터 오는 말씀을 받아서 한 것입니다." (벧후1:21)

4월 26일 QT

"많은 시일이 흘러서, 금식 기간이 이미 지났으므로, 벌써 항해하기에 위태로운 때가 되었다. 그래서 바울은 그들에게 이렇게 충고하였다. '여러분, 내가 보기에, 지금 항해를 하다가는 재난을 당할 것 같은데, 짐과 배의 손실만이 아니라, 우리의 생명까지도 잃을지 모릅니다.'
그러나 백부장은 바울의 말보다는 선장과 선주의 말을 더 믿었다. 그리고 그 항구는 겨울을 나기에 적합하지 못한 곳이므로, 거의 모두는, 거기에서 출발하여, 할 수 있으면 뵈닉스로 가서 겨울을 나기로 뜻을 정하였다. 뵈닉스는 크레타 섬의 항구로, 서남쪽과 서북쪽을 바라보는 곳이다. 때마침 남풍이 순하게 불어오므로, 그들은 뜻을 이룬 것이나 다름없다고 생각하고, 닻을 올리고서, 크레타 해안에 바짝 붙어서 항해하였다. 그런데 얼마 안 되어서, 유라굴로라는 폭풍이 섬 쪽에서 몰아쳤다. 배가 폭풍에 휘말려서, 바람을 맞서서 나아갈 수 없으므로, 우리는 체념하고, 떠밀려 가기 시작하였다." (행27:9~15)

한가운데서

로마는 매년 4천만 쉐펠(1쉐펠은 대략 60리터)의 곡식을 필요로 했습니다. 바람이 적당할 때 배가 로마에서 알렉산드리아로 간다면 열흘 동안 약 1500킬로미터 거리를 필요로 했습니다. 9월 중순에서 3월 초까지 항해는 매우 위험했습니다. 바울은 계속 항해하는 것을 말렸습니다. 하지만 선주는 이 좋은 충고를 받아들이지 않았습니다. 겨울 시장에 좋은 가격을 목표로 삼았기 때문입니다.
그리고 항해사도 그가 얼마나 실력이 있는지 보여줄 수 있었습니다. 알렉산드리아 선장들은 배를 자동차 핸들처럼 바다를 항해하는 것으로 유명합니다. 이제 우리는 식량 운반선이 크레타 해변을 따라 항해하는 것을 봅니다. 갑자기 끔찍한 폭풍이 몰아치고 배를 '바람에 맞설 수 없도록' 호두 껍질처럼 감싸버립니다. 너무나 큰 놀라움이 갑판 위의 사람들을 덮칩니다. 선원들이 배를 조종하려고 무척 애를 쓰지만 실패하고 맙니다. 그들은 포기합니다. 여기서 우리는 다음 임무를 추론할 수 있습니다.

☞ 바울과 그의 동행자들은 다른 사람과 똑같은 자리에 있습니다.

삭구들이 다 찢겨지고 꿰매고 못질해놓은 것까지 모두 찢겨간 폭풍 한가운데 있었습니다. 모두가 다 같은 배에 있었고 모두가 침몰의 위협 속에 있습니다.

크리스천은 이 세상의 위험이나 위기 저편에 있지 않습니다. 그들은 '하늘의 거룻배' 속에 앉아 거기서 혼란스러움을 태연히 관찰만 하지 않습니다.

예수님은 다음과 같이 아버지께 기도했습니다.

"내가 아버지께 비는 것은, 그들을 세상에서 데려가는 것이 아니라, 악한 자에게서 그들을 지켜주는 것입니다… 아버지께서 나를 세상에 보내신 것 같이, 나도 그들을 세상으로 보냈습니다." (요17:15·17)

예수 사람들 역시 어려운 삶을 영위하는 데서 예외적이지 않습니다. 그들도 실업자가 될 수 있고, 상실·불안·절망으로 고통당할 수 있습니다. 그들은 거대한 '민족의 배'에서 작은 무리를 지어 함께 항해해 갑니다.

"어리석은 사람은 자신의 행실만이 옳다고 여기지만, 지혜로운 사람은 충고에 귀를 기울인다." (잠12:15)

4월 27일 QT

"그런데 우리가 가우다라는 작은 섬 아래쪽을 따라 밀려갈 때에, 그 섬이 어느 정도 바람막이가 되어 주었으므로 우리는 간신히 거룻배를 휘어잡을 수 있었다. 선원들은 거룻배를 갑판 위에다가 끌어 올리고 밧줄을 이용하여 선체를 동여매었다. 그리고 그들은 리비아 근해의 모래톱으로 밀려들까 두려워서 바다에 닻을 내리고, 그냥 떠밀려 가고 있었다. 우리는 폭풍에 몹시 시달리고 있었는데 선원들은 짐을 바다에 내던졌고, 사흘째 날에는 자기네들 손으로 배의 장비마저 내버렸다. 여러 날 동안 해도 별도 보이지 않고 거센 바람만이 심하게 불었으므로 우리는 살아남으리라는 희망을 점점 잃었다. 사람들은 오랫동안 아무것도 먹지 못하고 있었다. 그 때에 바울이 이렇게 말하였다. '여러분, 여러분은 내 말을 듣고, 크레타에서 출항하지 않았어야 했습니다. 그랬으면, 이런 재난과 손실은 당하지 않았을 것입니다. 그러나 이제 나는 여러분에게 권합니다. 기운을 내십시오. 이 배만 잃을 뿐, 여러분 가운데 한 사람도 목숨을 잃지는 않을 것입니다. 바로 지난밤에, 나의 주님이시요 내가 섬기는 분이신 하나님의 천사가, 내 곁에 서서 바울아, 두려워하지 말아라. 너는 반드시 황제 앞에 서야 한다. 보아라. 하나님께서는 너와 함께 타고 가는 모든 사람의 안전을 너에게 맡겨 주셨다' 하고 말씀하셨습니다.'" (행27:16~24)

갑판 위의 크리스천

"우리는 여기 갑판에 크리스천들이 있다고 들었습니다. 우리는 그들이 드리는 그 예배에 갈 수 있습니까?" 이러한 작은 대화는 현대 호화 유람선의 난간에서 생겨날 수 있습니다. 도시, 학교, 사무실, 건축현장, 주식시장, 병원에서든 크리스천이 인지되는 것은 좋은 일입니다. 곡식 실은 범선에 해난 당한 바로 그 사람들 사이에서도 마찬가지입니다.

배에 하중을 주는 짐과 파도 속으로 눌렸던 많은 것들이 갑판 밖으로 던져졌습니다. 낮 동안에 해가 보이지 않았고 밤하늘엔 별이 없었습니다. 배는 물결과 폭풍 사이를 왔다갔다하는 놀이 공이었습니다.

"게다가 구조에 대한 모든 희망도 사라졌습니다."

우리가 바울을 생각해보면, 배 안쪽 선판을 꼭 붙들고 웅크리고 앉아 있고, 폭풍의 위력은 점점 더 세어지는 것을 압니다. 날은 어둡습니다. 그는 다른 사람들의 외침을 듣고, 불안이 자기에게도 엄습해 옵니다. 그는 기도합니다. 그러고는 그는 하나님이 주시는 그것을 봅니다. 큰소리와 소음에도 불구하고 그는 하나님 음성을 듣습니다. 바울은 예배에 초대받을 수가 없습니다.

하지만 어떤 희망의 표식이 그려집니다. 그는 어떤 임무를 듣게 됩니다. 안테나도 없는 그런 자리에서 하나님 음성을 듣게 됩니다. 죽음의 궁핍 상황에서 삶의 용기가 주어집니다.

"여러분들, 두려워 마십시오! 하나님은 천사를 보내셨습니다. 천사는 내가 황제에게 가야 한다고 말했습니다. 그리고 당신들은 생명을 건질 수 있을 겁니다." 바울은 누구도 자기의 좋은 충고를 귀담아 듣지 않았다는 사실을 짧게 상기시킵니다. 하지만 이 상황에서는 꾸짖는 말은 필요 없고, 희망과 위로, 격려의 말만 필요한 것입니다. 아마 방송에서 이렇게 방송할 수 있었겠습니다.

"해난 속이지만 희망이 가득 합니다 - 갑판 위의 크리스천 때문입니다."

"걸어 다닌다고는 하지만, 그 한평생이 실로 한 오라기 그림자일 뿐, 재산을 늘리는 일조차도 다 허사입니다. 장차 그것을 거두어들일 사람이 누구일지는 아무도 모르는 일입니다. 그러므로 주님, 이제, 내가 무엇을 바라겠습니까? 내 희망은 오직 주님뿐입니다. 내가 지은 그 모든 죄악에서 나를 건져주십시오. 나로 어리석은 자들의 조롱거리가 되지 않게 해주십시오. 내가 잠자코 있으면서 입을 열지 않음은, 이 모두가 주님께서 하신 일이기 때문입니다." (시39:6~9)

4월 28일 QT

"그러므로 여러분, 힘을 내십시오. 나는 하나님께서 나에게 말씀하신 그대로 되리라고 믿습니다. 우리는 반드시 어떤 섬으로 밀려가 닿게 될 것입니다." (행27:25~26)

나는 하나님을 믿습니다

어떤 사람들은 이 이상한 포로를 불신하며 바라보려고 합니다. 그리고 어떤 사람들은 항해에 대해 아무 생각 없는 이 뭍사람에 대해 체념한 채 머리를 절레 흔듭니다.

"여러분, 겁먹지 마십시오. 그 이유는 나는 하나님을 믿고, 나에게 말씀하신 일은 그대로 일어날 거기 때문입니다."

이것은 오늘 우리가 경험할 수 있는 상황입니다.
크리스천은 지나가는 세상의 혼란 속에서, "내가 하나님을 믿습니다. 그의 말씀을 의지합니다. 구원은 있습니다"라고 분명히 말하는 것입니다.
"우리는 어떤 섬에 분명히 다다를 겁니다."
이런 그림을 우리에게도 적용해 봅시다.
몰락·희망 상실·절망의 한 가운데에 '구원의 섬'이 있습니다. 십자가에 못 박히고 죽으시고 부활하신 예수님이 구원입니다. 바울은 포로 책임자에게 "우리 주 예수 그리스도를 믿으십시오. 당신과 당신 집, 당신 가족과 사랑하는 사람들이 구원을 받을 겁니다"라고 말했습니다.
누가 이 섬으로 항해합니까? 누가 오늘 펼쳐진 구원의 손으로 방향을 잡습니까? 이 예수님이 '모든 죄악에서 자기 백성을 구원할 거라는 것'을 누가 믿습니까? 우리에게 선포된 사실을 누가 믿습니까?

물론 바울은 그들이 도달할 섬을 이런 방법을 가지고 어떤 구원 섬으로 나타내지는 않았습니다.

하지만 밤낮 우리는 배를 더는 흔들거리게 할 수는 없습니다. 오늘날 유럽에는 폭염이 엄습했습니다. 인간과 동물, 그리고 식물이 고통당하고 있습니다. 긴급도살과 긴급추수가 비상용 저금을 다 소비해 버렸습니다. 숲은 뇌관처럼 불타고 강은 마르며 물고기가 죽어갑니다. 빙하와 북극 얼음은 녹아가고 해수면은 높아만 갑니다. 자연의 힘이 우리를 흔든다면 얼마나 끔찍하겠습니까?

모든 것이 흔들리고 삶의 계획이 하나도 해결되지 않을 때도, 희망의 말, 우리의 삶을 지탱하는 근본에 대한 말을 하십시오. 이것을 바울이 우리 본문에서 예로 보여주고 있습니다.

믿는 자는 구원을 얻을 것입니다.

"주님께서 손수 이렇게 하신 것을, 이것들 가운데서 그 무엇이 모르겠느냐? 모든 생물의 생명이 하나님 손 안에 있고, 사람의 목숨 또한 모두 그분의 능력 안에 있지 않느냐?" (욥12:9-10)

4월 29일 QT

"우리는 반드시 어떤 섬으로 밀려가 닿게 될 것입니다. 열 나흘째 밤이 되었을 때, 우리는 아드리아 바다에 떠밀려 다녔다. 한밤중에 선원들은 어떤 육지에 가까이 이르고 있다고 짐작하였다. 그들이 물 깊이를 재어 보니, 스무 길이었다. 좀 더 가서 재니 열다섯 길이었다. 우리는 혹시 암초에 걸리지나 않을까 염려하여, 고물에서 닻 네 개를 내리고, 날이 새기를 고대하였다. 그런데 선원들이 배를 버리고 달아나려고 이물에서 닻을 내리는 척하면서 바다에 거룻배를 풀어 내렸다. 바울은 백부장과 병사들에게 말하였다. '만일 이 사람들이 배에 그대로 남아 있지 않으면 당신들은 무사할 수 없습니다.' 그러자 병사들이 거룻배의 밧줄을 끊어서 거룻배를 떨어뜨렸다." (행27:26~32)

하선하면 죽을 수 있다

14번째 날이 밝았습니다. 연약함과 악의가 컸지만 몇몇은 그들이 보았던 것보다 더 많은 것을 예감했습니다. 땅이 눈에 들어옵니다.

물에 넣은 연추의 깊이가 점점 덜해진다는 추측이 이제 확실해졌습니다. 몇 명의 선원은 닻을 내린다는 거짓말을 입에 담으면서 뱃머리(이물) 쪽으로 갔습니다. 사실 그들은 거룻배를 겨냥했습니다.

우리가 만약 배를 통제하지 못하고 배가 바위에 부딪힌다면 모든 게 끝이라고 생각했습니다. 그들의 불안은 이해가 됩니다. 즉 하선, 가라앉는 배에서 제시간에 탈출한다는 것, 이 '불안정한 배'에서 뛰어내리는 것. 선원들은 원래 갑판에서 제일 늦게 떠나야 하지만 이들은 아무 생각이 없었고, 갑판 위 다른 사람들에 대한 책임을 이미 던져버렸습니다.

하선! 사실 이것은 오늘날에도 아직 많은 사람에게 매력적입니다. 책임으로부터, 어렵고 복잡한 삶의 강요로부터, 스트레스 심한 업적사회로부터 하선. 결혼과 가정으로부터 하선. 아이들은 하선을 이미 이겨낼 겁니다.

하차하는 사람은 자유와 독립을 꿈꿉니다. 사실은 남아 있는 다른 사람들은 더 많은 짐, 더 많은 상처, 더 큰 절망을 가집니다.

알렉산드리아 배에서의 그 밤도 그랬습니다. 바울은 선원들의 도주 시도에 맞서지 않았습니다. 그는 하선자들에게 다음과 같이 경고했습니다.

"우리는 서로 필요합니다. 우리는 한 몸의 지체로서 서로 연결되어 있습니다. 누구도 자기 혼자 행동하지 못합니다.

우리는 함께 머물러 살든지 아니면 몇 명명 하선하여 우리 모두 죽든지 합니다. 단지 우리는 함께 해야 미래를 가집니다. 확실히 포로로부터 한 대변인이 나왔습니다. 그에게 그는 들리게 말합니다. 그런데도 반대하는 한마디 말도 선주나 선장에게서 나오지 않습니다. 율리오는 바울의 권위와 그의 인도에 확신을 지니게 됩니다. 그는 거룻배 밧줄을 끊었습니다. 아무도 하선하지 않았습니다." (고전12:14~26 말씀 참고하십시오.)

4월 30일 QT

"날이 새어갈 때, 바울은 모든 사람에게 음식을 먹으라고 권하면서 말하였다. '여러분은 오늘까지 열나흘 동안이나 마음을 졸이며 아무것도 먹지 못하고 굶고 지냈습니다. 그래서 나는 여러분들에게 음식을 먹으라고 권합니다. 그래야 여러분을 목숨을 유지할 힘을 얻을 것입니다. 여러분 가운데서 아무도 머리카락 하나라도 잃지 않을 것입니다.' 바울은 이렇게 말하고 나서, 빵을 들어, 모든 사람 앞에서 하나님께 감사를 드리고, 떼어서 먹기 시작하였다. 그러자 사람들은 모두 용기를 얻어서 음식을 먹었다. 배에 탄 우리의 수는 모두 이백일흔여섯 명이었다. 사람들이 음식을 배부르게 먹은 뒤에, 남은 식량을 바다에 버려서 배를 가볍게 하였다." (행27:33~38)

아침 식사!

거룻배가 더는 없습니다. 모두 다 자신의 흐릿한 생각에 지쳐있었습니다. 14일 전부터 아무도 뭘 먹지 못했습니다. 위가 등에 붙었습니다. 아침이 밝아옵니다. 배의 끔찍한 손상 범위가 다시 보입니다.

바울은 마음씨 좋은 집주인처럼 우리 모두 지금은 좀 먹어야 한다고 권합니다.

"그것이 생명을 구하는 데 도움을 줄 겁니다. 그 누구의 머리카락 하나도 떨어지지 않을 겁니다."

그들이 비록 아직은 구조되지 못했어도 사도 바울은 어려움 당한 동료들에게 친절하게 염려하면서 말을 건넸습니다.

크리스천은 주위를 돌아보지 않고 믿습니다.

"믿음은 바라는 것들의 실상이요 보지 못한 것들의 증거입니다."

그들은 그들이 받아들인 하나님 말씀에 의지합니다. 바울은 빵 한 조각을 떼고 식탁 기도를 하는데, 마치 제자들과 함께 한 우리 주님의 최후 만찬을 생각나게 합니다. 힘을 돋우는 식탁 교제는 사투 벌인 후에는 중요한 일입니다.

"모두가 선한 용기를 가지게 되었고 영양분을 섭취했습니다."

불만 대신 용기, 체념 대신 희망이 승객들 사이에 퍼져나갑니다. 바울의 모범이 모두에게 불을 붙입니다. 또 다른 '바울'은 이 배에 없었으나 그의 노래 소절이 다음처럼 울립니다.

"크리스천은 자기가 있는 곳에서 자신을 보이며 겁내지 말고 두려워 말아야 합니다. 죽음이 엄습해도 용기는 있어야 하고 잠잠히 머물러 있어야 합니다." (Paul Gerhardt)

이로써 우리는 좀 더 영적 도움을 본문에서 끌어올 수 있습니다.

크리스천은 그들의 믿음을 내 던지지 않습니다.

그것은 충분한 가치가 있기 때문입니다. 그들은 어떤 상황에서도 '밤의 찬가'를 부를 수 있습니다.

식사 후 그들은 남은 음식물을 바다에 던졌습니다.

"깨어 있으십시오. 믿음에 굳게 서 있으십시오. 용감 하십시오. 힘을 내십시오. 모든 일을 사랑으로 하십시오." (고전16:13~14)

5월 1일 QT

"날이 새니, 어느 땅인지는 알 수 없지만, 모래밭이 있는 항만이 보였다. 그래서 그들은 어떻게 해서든지, 배를 거기로 몰아 해변에 대기로 작정하였다. 닻을 모두 끊어서 바다에 버리고, 동시에 키를 묶은 밧줄을 늦추었다. 그리고 앞 돛을 올려서, 바람을 타고 해안 쪽으로 들어갔다. 그런데 두 물살이 합치는 곳에 끼어들어서, 배가 모래톱에 걸렸다. 이물은 박혀서 움직이지 않고, 고물은 심한 물결에 깨졌다. 병사들은 죄수들이 혹시 헤엄쳐서 도망갈 까봐, 그들을 죽여 버리려고 계획하였다. 그러나 백부장은 바울을 구하려고 병사들의 의도를 막고, 헤엄을 칠 수 있는 사람들은 먼저 뛰어 내려서, 뭍으로 올라가라고 명령하였다. 그리고 그 밖의 사람들은 널빤지나, 부서진 배 조각을 타고 뭍으로 나가라고 명령하였다. 이렇게 해서, 모두 뭍으로 올라와 구원을 받게 되었다. 우리가 안전하게 목숨을 구한 뒤에야, 비로소 그곳이 몰타섬이라는 것을 알았다." (행27:39~28:1)

배가 어느 지점에 다다르다

날이 밝았을 때 섬이 있고 초대하는 듯한 하나의 만이 그들 앞에 놓여있습니다. 닻을 끊어 버리고 노를 다시 복원하고 돛을 세워 바람을 타고 갔습니다. 배는 구원의 해변에서 멀지 않는 곳에 장애물에 부딪혔고 부서져 가라앉습니다.

포로 지키는 것이 자기 생명과도 같아, 군사들은 칼로 그 포로들을 죽이려고 합니다. 백부장이 이를 막고 구조하고자 힘을 다해 애씁니다. 즉 수영할 줄 아는 사람은 헤엄쳐 가고 다른 사람들은 배 조각을 타고 해변으로 가라고 합니다. 모두가 다 흠뻑 젖으나 몰타섬에 무사히 도달합니다.

지도에서 이 대단히 작은 점과 같은 섬을 보는 사람은 골똘히 생각할 겁니다. 즉 배가 나침판도 없이, 닻도 없이 14일간이나 400km의 해안선을 따라 운행하다 바로 이 작은 땅덩이에 도달하다니 라고 말입니다.

이게 어떻게 가능합니까?

그건 그리스도의 사자가 로마로 가는 배에 타고 있었기 때문입니다. 그 뒤에 하나님의 뜻이 있습니다. 이것에 반대하는 거대한 태풍은 무기력합니다.

하나님은 그 위를 깨어 지키시고 자기 자신이 노를 지니고 계십니다. 그는 바람과 파도의 주인이시고, 그에게는 자연의 위력도 복종합니다.

"이 하나님 앞에 우리는 지금 약간 부끄럽습니다. 그 이유는 우리는 항상 그를 별 신뢰하지 않고, 그래서 그렇게 용기가 부족하고 겁이 많기 때문입니다." (W. Luethi)

신경을 앗아가는 여행이 말타에서 우선 끝나고, 극적인 태풍 속 여정이 여기서 어떤 구원의 항구에서 일시적 안식을 찾게 됩니다. 이 여행이 바로 우리 삶의 여정인 것을 기억합니다.

"주님의 손이 짧아서 구원하지 못하시는 것도 아니고, 주님의 귀가 어두워서 듣지 못하시는 것도 아니다." (사59:1)

5월 2일 QT

"우리가 안전하게 목숨을 구한 뒤에야, 비로소 그곳이 몰타섬이라는 것을 알았다. 섬 사람들이 우리에게 특별한 친절을 베풀어 주었다. 비가 내린 뒤라서 날씨가 추웠으므로, 그들은 불을 피워서 우리를 맞아 주었다." (행28:1~2)

난파당한 사람들

친절한 섬사람들이 난파당한 사람들을 위해 피워주는 큰불 주위에 그들은 앉습니다. 아마도 그들은 해변 앞에서 사나운 바다와 싸워온 그 배를 오래전부터 관찰했을지도 모릅니다. 예컨대 파산 인수자가 보도해야 하는 것처럼, "파선으로 고통당했습니다"라고 우리는 말할 겁니다.

아니면 어느 성공한 여교수이자 작가가 그녀의 결혼 생활이 14년 후 어떻게 파산했는가를 얘기할 수도 있습니다. 직업 때문에 지속적인 원격 관계를 결국 지탱할 수 없었기 때문입니다.

아니면 또 어느 여학생이 첫 학기에 좌절해서 공부를 포기합니다. 그녀는 자기가 처음으로 독립적으로 운용하는 가계와 낯선 곳에서의 강도 높은 공부를 제대로 버텨낼 수 없어서 '실패한' 것입니다. 혼자 교육비를 충당해야 하는 그 여학생은, 매일 세 곳의 일자리에서 청소일을 하면서 가계를 꾸려나가고, 함께 있는 남편에게도 이것이 좋을 것으로 여겼습니다.

하지만 어려움의 파고는 너무 높았습니다. 그녀의 신경 파괴는 너무나 좋지 않았습니다.

남편은 또 자신의 긴장된 직업을 그만두고 젊은 가족을 위해 집에서 자기 박사 논문을 쓰려고 했습니다. 그런데 이것이 중단되었습니다. 그는 이제 끝났습니다. 박사 논문이 중요한 게 아닙니다.

삶의 바다 위를 가는 우리 여정에는 행복·성공·성취와 큰 목표가 있습니다.

하지만 우리는 또 방해하는 것과 싸워야 하고 갑자기 다 부서져 버리는 예기치 않던 폭풍과도 싸워야 합니다.

275명의 남자들은 바울에게서 다음을 볼 수 있었습니다. 만약 별이 없을지라도 천사를 보내시는 하나님께 기도한다면 이것이 더 가볍게 해결된다는 것을 말입니다. 그가 이 하나님의 인도에 맡기기 때문에 올바른 결정을 할 수 있는 겁니다.

다음의 시구는 그 사람에게서 나올 수 있습니다.

"당신이 나를 인도하심이 나의 발걸음을 견고케 합니다. 당신이 나를 인도하심이 나에게 힘과 용기를 줍니다. 그것을 당신께 감사드립니다. 오늘 나의 심령이 당신의 인도 속에 쉴 수 있는 것이 나의 기도인 것입니다." (Sr. Helga Winkel)

"내가 부르짖을 때에, 주님께서는 나에게 응답해 주셨고, 나에게 힘껏 북돋우어 주셨습니다." (시138:3)

"내 영혼아, 네가 어찌하여 그렇게 낙심하며, 어찌하여 그렇게 괴로워하느냐? 너는 하나님을 기다려라. 이제 내가, 나의 구원자, 나의 하나님을, 또다시 찬양하련다. 내 영혼이 너무 낙심하였지만, 요단 땅과 헤르몬과 미살 산에서, 주님만을 그래도 생각할 뿐입니다. 주님께서 일으키시는 저 큰 폭포 소리를 따라 깊음은 깊음을 부르며, 주님께서 일으키시는 저 파도의 물결은 모두가 한 덩어리가 되어 이 몸을 휩쓸고 지나갑니다. 낮에는 주님께서 사랑을 베푸시고, 밤에는 찬송으로 나를 채우시니, 나는 다만 살아 계시는 내 하나님께 기도합니다." (시42:5~8)

5월 3일 QT

"주님께서 아밋대의 아들 요나에게 말씀하셨다. '너는 어서 저 큰 성읍 니느웨로 가서, 그 성읍에 대고 외쳐라. 그들의 죄악이 내 앞에까지 이르렀다.'
그러나 요나는 주님의 낯을 피하여 스페인으로 도망가려고, 길을 떠나 욥바로 내려갔다. 마침 스페인으로 떠나는 배를 만나 뱃삯을 내고, 사람들과 함께 그 배를 탔다. 주님의 낯을 피하여 스페인으로 갈 셈이었다. 주님께서 바다 위로 큰바람을 보내시니, 바다에 태풍이 일어나서, 배가 거의 부서지게 되었다. 뱃사람들은 두려움에 사로잡혀 저마다 저희 신들에게 부르짖고, 저희들이 탄 배를 가볍게 하려고, 배 안에 실은 짐을 바다에 내던졌다. 요나는 이미 배 밑창으로 내려가 누워서, 깊이 잠들어 있었다.
마침 선장이 그에게 와서, 그를 보고 소리를 쳤다. '당신은 무엇을 하고 있소? 잠을 자고 있다니! 일어나서 당신의 신에게 부르짖으시오. 행여라도 그 신이 우리를 생각해 준다면, 우리가 죽지 않을 수도 있지 않소?'
뱃사람들이 서로 말하였다. '우리가 어서 제비를 뽑아서, 누구 때문에 이런 재앙이 우리에게 내리는지 알아봅시다.'
그들이 제비를 뽑으니, 그 제비가 요나에게 떨어졌다. 그들이 요나에게 물었다. '우리에게 말하시오. 누구 때문에 이런 재앙이 우리에게 내렸소? 당신은 무엇을 하는 사람이며, 어디서 오는 길이오? 어느 나라 사람이오? 어떤 백성이오?'
그가 그들에게 대답하였다. '나는 히브리 사람이오. 하늘에 계신 주 하나님, 바다와 육지를 지으신 그분을 섬기는 사람이오.' 요나가 그들에게, 자기가 주님의 낯을 피하여 달아나고 있다고 말하니, 사람들이 그 사실을 알고, 겁에 질려서 그에게 소리쳤다. '어쩌자고 당신은 이런 일을 하였소?'
바다에 파도가 점점 더 거세게 일어나니, 사람들이 또 그에게 물었다. '우리가 당신을 어떻게 해야, 우리 앞의 저 바다가 잔잔해지겠소?'

그가 그들에게 대답하였다. '나를 들어서 바다에 던지시오. 그러면 당신들 앞의 저 바다가 잔잔해질 것이오. 바로 나 때문에 이 태풍이 당신들에게 닥쳤다는 것을, 나도 알고 있소.' 뱃사람들은 육지로 되돌아 가려고 노를 저었지만, 바다에 파도가 점점 더 거세게 일어났으므로 헛일이었다. 그들은 주님을 부르며 아뢰었다. '주님, 빕니다. 우리가 이 사람을 죽인다고 해서 우리를 죽이지 말아 주십시오. 주님께서는 뜻하시는 대로 하시는 분이시니, 우리에게 살인죄를 지우지 말아 주십시오. 그들은 요나를 들어서 바다에 던졌다. 폭풍이 일던 바다가 잔잔해졌다. 사람들은 주님을 매우 두려워하게 되었으며, 주님께 희생제물을 바치고서, 주님을 섬기기로 약속하였다." (욘 1:1~16)

유발된 난파

어제 본문을 보면, 의로운 사람은 어떤 난파에도 고통당하지 않는다는 그릇된 인상이 생겨날 수 있습니다. 우리가 오늘 볼 본문은 이와는 극단적으로 반대되는 예를 보여줍니다.

선지자 요나는 바울처럼 주님으로부터 임무를 받고 가야 할 목적지를 듣게 되었습니다. 요나는 하나님을 섬기지 않는 니느웨로 가서, 그들의 눈앞에서 악행을 일삼는 그 사람들에게 설교를 해야 했습니다. 그러나 요나는 그 임무를 거역했습니다. 오히려 그는 하나님으로부터 벗어나기 위해 반대 방향으로 가는 배를 탔습니다. 물론 그것은 아무 효과가 없습니다.

그러한 교훈을 다윗도 알았습니다.

"내가 주님의 영을 피해서 어디로 가며, 주님의 얼굴을 피해서 어디로 도망치겠습니까? 내가 하늘로 올라가더라도 주님께서는 거기에 계시고, 스올에다 자리를 펴더라도 주님은 거기에도 계십니다." (시139:7~8)

요나는 정확하게 자기 주머니에서 그 여행 경비를 지불했습니다. 그러고는 잠에 떨어졌습니다. 그가 배 밑 깊은 곳에서 자는 동안 강력한 폭풍이 몰아쳤습니다. 선장이 요나를 갑판에 데리고 왔습니다. 마침내 모든 기도가 다 필요하게 됐습니다. 이 불쌍한 이방인들은 두려워서 아무것도 듣고 볼 수 없었습니다. 그들은 누가 이 재난에 책임이 있는가를 가려내기 위해 제비를 뽑습니다. 요나가 뽑혔습니다. "어떤 신을 믿는가? 그가 우리를 구원할 수 있는가?" 하고 그들은 묻습니다.

"나는 히브리 사람이고 바다와 뭍을 만드신 하늘에 계신 하나님 우리 주님을 경외했습니다 … 나를 그냥 바다에 던지십시오. 그러면 폭풍이 잠잠해질 겁니다."

이것은 이방인들을 악의 있는 양심의 고통에 빠뜨렸습니다. 그들은 다른 방도가 없었습니다. 살아남아야만 했습니다. 그래서 그들은 그 경건한 사람을 배 밖으로 던졌습니다. 난폭했던 바다가 잠잠해졌습니다.

요나는 니느웨로 가야만 합니다. 그래서 하나님은 그를 3일 안에 바른 장소로 나르기 위해 특별 '택시'를 보냅니다. 어떤 사람이 하나님 말에 귀를 기울이지 않습니다. 그래도 그것은 그대로 있습니다. 그 사람은 그가 해야 하는 반대의 일을 합니다. 하지만 하나님은 포기하지 않습니다. 그것이 최상이기 때문입니다.

"주님께서 높은 곳에서 손을 내밀어 나를 움켜잡아 주시고, 깊은 물에서 나를 건져주셨다." (시18:16)

"아들된 디모데여, 이전에 그대에 관하여 내린 예언을 따라 내가 이 명령을 그대에게 내립니다. 그대는 그 예언대로 선한 싸움을 싸우고, 믿음과 선한 양심을 가지십시오. 어떤 사람들은 선한 양심을 버리고, 그 신앙생활에 파선을 당하였습니다." (딤전1:18~19)

5월 4일 QT

"요나는 이 일이 매우 못마땅하여, 화가 났다. 그는 주님께 기도하며 아뢰었다. '주님, 내가 고국에 있을 때에 이렇게 될 것이라고 이미 말씀드리지 않았습니까? 내가 서둘러 스페인으로 달아났던 것도 바로 이것 때문입니다. 하나님은 은혜로우시며 자비로우시며 좀처럼 노하지 않으시며 사랑이 한없는 분이셔서, 내리시려던 재앙마저 거두실 것임을 내가 알고 있었기 때문입니다. 주님, 이제는 제발 내 목숨을 나에게서 거두어 주십시오! 이렇게 사느니, 차라리 죽는 것이 낫겠습니다.'

주님께서는 '네가 화를 내는 것이 옳으냐?' 하고 책망하셨다. 요나는 그 성읍에서 빠져 나와 그 성읍 동쪽으로 가서 머물렀다. 그는 거기에다 초막을 짓고, 그 그늘 아래 앉았다. 그 성읍이 어찌되는가를 볼 셈이었다. 주 하나님이 박 넝쿨을 마련하셨다. 주님께서는 그것이 자라올라 요나의 머리 위에 그늘이 지게 하여, 그를 편안하게 해주셨다. 박 넝쿨 때문에 요나는 기분이 무척 좋았다. 그러나 다음날 동이 틀 무렵, 하나님이 벌레를 한 마리 마련하셨는데, 그것이 박 넝쿨을 쏠아 버리니, 그 식물이 시들고 말았다.

해가 뜨자, 하나님이 찌는 듯이 뜨거운 동풍을 마련하셨다. 햇볕이 요나의 머리 위로 내리쬐니 그는 기력을 잃고 죽기를 자청하면서 말하였다. '이렇게 사느니 차라리 죽은 것이 더 낫겠습니다.'

하나님이 요나에게 말씀하셨다. '박 넝쿨이 죽었다고 네가 이렇게 화를 내는 것이 옳으냐?' 요나가 대답하였다. '옳다 뿐이겠습니까? 저는 화가 나서 죽겠습니다.' 주님께서 말씀하셨다. '네가 수고하지도 않았고, 네가 키운 것도 아니며, 그저 하룻밤 사이에 자랐다가 하룻밤 사이에 죽어 버린 이 식물을 네가 그처럼 아까워하는데, 하물며 좌우를 가릴 줄 모르는 사람들이 십이만 명도 더 되고 짐승들도 수없이 많은 이 큰 성읍 니느웨를, 어찌 내가 아끼지 않겠느냐?'" (욘 4:1~11)

하나님이 짜증내지 않으심

아이들은 종교시간에 요나에 관한 이야기를 듣습니다. 여선생님이 요나가 하나님의 명령을 듣지 않았다고 얘기했을 때 한 아이가 '지금 하나님이 짜증났어요!'라고 즉시 말했습니다. 아이를 자기 생각에서 떼놓는 것은 그렇게 간단하지 않았습니다. 더구나 그 아이에게 많은 사람이 동의했습니다. "내가 엄마 말을 듣지 않는다면 엄마는 짜증을 내요!" 우리 인간들은 다 그렇습니다. 우리는 화를 내고, 서로 더이상 말을 하지 않고 고집을 부리게 됩니다.

요나도 여전히 고집을 부렸습니다. 이번에는 니느웨에서 그랬습니다. 물론 그는 그것을 잘 알고 있었습니다! 하나님은 나쁜 사람이라도 자기에게 돌아오는 사람에겐 긍휼을 베푸십니다. 화가 나서 요나는 다음과 같이 기도합니다. "하나님은 은혜로우시며 자비로우시며 좀처럼 노하지 않으시며 사랑이 한없는 분이셔서, 내리시던 재앙마저 거두실 것임을 내가 알고 있었기 때문입니다." (욘4:2b)

이러한 하나님의 속성을 요나는 자기 스스로 너무나 잘 찾았습니다. 하지만 하나님을 모르는 이방인들에게는요? 결코 그렇지 않았습니다.

'바다 택시'를 그에게 보내신 하나님이 이제는 박 넝쿨을 저속도 촬영기 속에서 자라게 합니다. 이것은 그에게 좋은 그늘을 만들어 줍니다. 하지만 다음날 이것은 시들어 버립니다. 요나는 이것에 화가 납니다. 그때 하나님이 그에게 말씀하십니다. "네가 수고하지도 않았고, 네가 키운 것도 아니며, 그저 하룻밤 사이에 자라났다가 하룻밤 사이에 죽어 버린 이 식물이 네가 그처럼 아까워하는데, 하물며 좌우를 가릴 줄 모르는 사람들이 십이만 명도 더 되고 짐승들도 수없이 많은 이 큰 성읍 니느웨를, 어찌 내가 아

끼지 않겠느냐?"(욘4:10~11)

하나님은 자기 사자에게 짜증을 내지 않으십니다. 하나님은 "모든 사람이 다 구원을 얻고 진리를 알게 되기를 원하신다"(딤전2:4)는 사실이 그의 머릿속에는 무겁게 남아있습니다.

하나님께서 던진 이 질문에 요나는 대답하지 않습니다. 그래서 그것을 읽는 사람 모두가 각각 개인적으로 답할 수 있을 겁니다.

"그때 율법학자들과 바리새파 사람들 가운데 몇 사람이 예수께 말하였다. '선생님, 우리는 선생님에게서 표징을 보았으면 합니다.' 예수께서 그들에게 말씀하셨다. '악하고, 음란한 세대가 표징을 요구하지만, 예언자 요나의 표징 밖에는, 이 세대는 아무 표징도 받지 못할 것이다. 요나가 사흘 낮과 사흘 밤 동안을 큰 물고기 뱃속에 있었던 것 같이, 인자도 사흘 낮과 사흘 밤 동안을 땅 속에 있을 것이다.'"(마:12:38~40)

5월 5일 QT

"예수께서 무리가 자기 옆에 둘러 서 있는 것을 보시고, 제자들에게 건너편으로 가자고 말씀하셨다. 율법학자 한 사람이 다가와서 예수께 말하였다. '선생님, 나는 선생님이 가시는 곳이면, 어디든지 따라가겠습니다.' 예수께서 그에게 말씀하셨다. '여우도 굴이 있고, 하늘을 나는 새도 보금자리가 있으나, 인자는 머리 둘 곳이 없다.' 또 제자 가운데 한 사람이 말하였다. '주님, 내가 먼저 가서 아버지의 장례를 치르도록 허락하여 주십시오.' 예수께서 그에게 말씀하셨다. '너는 나를 따라오너라. 죽은 사람의 장례는 죽은 사람들이 치르게 두어라.' 예수께서 배에 오르시니, 제자들이 그를 따라갔다. 그런데 바다에 큰 풍랑이 일어나서, 배가 물결에 막 뒤덮일 위험에 빠지게 되었다. 그런데 예수께서는 주무시고 계셨다. 제자들이 다가가서 예수를 깨우고서 말하였다. '주님, 살려 주십시오, 우리가 죽게 되었습니다.' 예수께서 그들에게 '왜들 무서워하느냐? 믿음이 적은 사람들아!' 하고 말씀하시고 나서, 일어나 바람과 바다를 꾸짖으시니, 바다가 아주 잔잔해졌다. 사람들은 놀라서 말하였다. '이분이 누구이기에, 바람과 바다까지도 그에게 복종하는가?'" (마:8:18~27)

역풍 속 시험

말타에서 구조받은 사람들은 일단 좀 쉬게 해줍시다. 누구나 다 해당되는 것이 아니지만, 역풍 속에서도 주님을 따르는 것에 대해 우리에게 몇 가지를 보여주는, 또 하나의 폭풍 이야기를 살펴보려고 합니다. 예수님은 다른 해변으로 가시려고 합니다. 몰려든 무리의 수가 많습니다. 제자들은 배를 출발시킵니다. 그때 예수님을 따르려는 두 사람이 옵니다. 하지만 그들은 안전한 땅에 머물고 싶어 합니다. 다양한 업무에 그들은 집착하고 있습니다.

제자들은 급히 해변에서 배를 떼놓습니다. 예수님은 그들과 함께 있습니다. 그들은 보호받고 평안합니다. 예수님이 주무시려고 누우신 것까지는 아무 문제가 없습니다. 하루가 무척 고단했기 때문입니다. 갑자기 무서운 산바람이 배 위로 불어오고 물결이 높이 들이칩니다. 그들에게 물 퍼내기가 감당이 안 됩니다. 모든 게 파선될 듯 보입니다. 큰 곤경에 처하게 된 것입니다.

예수를 따르는 사람은 매서운 역풍을 계상해야 하고 그 모든 시험에 주의해야 합니다.

제자들은 이 밤에 가장 큰 시험에 처한 것입니다.

예수님이 옆에 있습니다: 그런데도 우리는 죽을 위험에 처해 있습니다.

예수님이 옆에 있습니다: 그런데도 그는 주무시고 있습니다.

보기에는 모든 악마가 깨어 있고, 사람과 쥐, 그리고 주님을 태우고 있는 배를 뒤집으려고 하고 있습니다: 그는 그것을 정말 알지 못하는가요?

그들은 예수님을 깨워서 "주여, 우리를 구원하소서, 우리가 가라앉습니다"라고 말했습니다. 예수님이 그들의 부족한 믿음을 나무랐지만, 우리는 그들이 자신들을 구할 수 있는 주님께 향했다는 것을 붙들려고 합니다. 폭풍과 물결을 해결하려는 그들의 노력은 헛되었습니다. 그러나 그가 일어나 바람과 바다를 나무랐습니다. 그러자 완전히 잠잠해졌습니다. 제자들은 가볍게 노를 저어 다른 저편 해안으로 갈 수 있었습니다.

맞습니다. 주님의 크신 능력 옆에서 보면 그들의 믿음은 적고 초라합니다. 하지만 좋은 소식이 있습니다. 그들이 함께 소속되어 있다는 것입니다!

"주님, 깨어나십시오. 어찌하여 주무시고 계십니까? 깨어나셔서, 영원히 나를 버리지 말아주십시오. 어찌하여 얼굴을 돌리십니까? 우리가 고난과 억압을 당하고 있음을, 어찌하여 잊으십니까? 아, 우리는 흙 속에 파묻혀있고, 우리의 몸은 내동댕이쳐졌습니다. 일어나십시오. 우리를 어서 도와주십시오. 주님의 한결같은 사랑으로, 우리를 구하여 주십시오." (시 44:23-26)

5월 6일 QT

"바울이 나뭇가지를 한 아름 모아다가 불에 넣으니, 뜨거운 기운 때문에 독사가 한 마리 튀어 나와서, 바울의 손에 달라붙었다. 섬사람들이 그 뱀이 바울의 손에 매달려 있는 것을 보고 '이 사람은 틀림없이 살인자이다. 바다에서는 살아 나왔지만, 정의의 여신이 그를 그대로 살려 두지 않는다' 하고 서로 말하였다. 그런데 바울은 그 뱀을 불 속에 떨어버리고, 아무런 해도 입지 않았다. 섬사람들은, 그가 살이 부어오르거나 당장 쓰러져 죽으려니, 하고 생각하면서 기다렸다. 그런데 오랫동안 기다려도 그에게 아무런 이상이 생기지 않자, 그들은 생각을 바꾸어서, 그를 신이라고 하였다." (행28:3~6)

그것을 불 속에 떨어버리고

불이라는 것이 무엇인가를 태워 쓰러뜨리고, 많은 사람은 자고 있으며, 또 다른 사람은 자기 앞의 불을 응시하고 있습니다. 바울은 여전히 열중한 채 일어나 주위에 놓여있는 부러진 나뭇가지를 모아 그것을 불에 놓습니다. 그때 가지 하나가 이상하게 움직이는 것처럼 보입니다. 이런! 뱀이 아닌가? 사도의 손을 물고 있는 뱀. 하지만 완전 태연하게 그는 그 뱀을 흔들고는 그것을 불 속으로 바로 던져버립니다.

구경꾼들은 놀랐고 선입견으로 빠른 판단을 내립니다. 즉 폭풍에서 살아난 사람이 이제는 독사에 물리다니, 틀림없이 이 사람은 살인자라고 말입니다. 더 높은 정의가 다스릴 거라고 그들은 생각합니다. 모두가 바울이 독이 퍼진 전형적인 표시를 보여서 곧 죽어 쓰러질 거라고 기대합니다. 그러나 아무런 일도 일어나지 않습니다. 그러자 사람들은 "그가 신"이라고 결론을 내립니다.

선판 결에 몇 번 의식이 왔다 갔다 하는 경험, 누가 이 좋지 못한 반응을 체험하지 못했단 말입니까? 그 어떤 것이 누구를 정말 그렇게 앗아갔습니까? 그것은 성경에 따르자면 어떤 '밑으로 향하는' 이력을 가진 '오랜 뱀'의 독입니다. 그 뱀의 독은 하나님을 대적하는 모든 곳에 영향을 미칩니다. 성경의 위력이 의문시되는, 죄가 공공연히 혹은 은밀하게 그 어두운 놀이를 하는 도처에서 말입니다.

고대에는 부자들이 종종 얽매이지 않고 즐기고 제지 없이 살았습니다. 오늘날은 어떻습니까? 비슷한 형국입니다. 아니면 부모들이 그들의 작은 아이들을 포르노 단체에 팔아넘긴다면 그것을 어떻게 이해해야 합니까? 아니면 때려죽이는 것을 어떻게 이해한다는 것입니까?

'오랜 뱀'은 전 지구적으로 진행되는데, 독재자와 사디스트를 독려하고, 돈 욕심, 공허함, 불손함 등, 하나님 없는 사람들이 일삼는 모든 것들을 부추깁니다. 그것들을 불에 처넣으세요!

쏟으신 주님의 피를 통해 뱀은 끝이 나고 힘을 잃고 그 독은 아무런 효과도 없습니다. 하나님의 종은 자기 주님의 보호하에 있습니다.

"(주님의 날은) 사자를 피하여 도망가다가 곰을 만나거나, 집 안으로 들어가서 벽에 손을 대었다가, 뱀에 물리는 것과 같다." (암5:19)

5월 7일 QT

"그 근처에 그 섬의 추장인 보블리오가 농장을 가지고 있었다. 그가 우리를 그리로 초대해서, 사흘 동안 친절하게 대접해 주었다. 마침 보블리오의 아버지가 열병과 이질에 걸려서 병석에 누워 있었다. 그래서 바울은 들어가서 기도하고, 그에게 손을 얹어서 낫게 해주었다. 이런 일이 일어나니, 그 섬에서 병을 앓고 있는 다른 사람도 찾아와서 고침을 받았다. 그들은 극진한 예로 우리를 대하여 주었고, 우리가 떠날 때에는, 우리에게 필요한 물건들을 배에다가 실어 주었다." (행28:7~10)

요란한 동전으로가 아닌

요란한 동전으로가 아닌 276명의 사람이 적어도 석 달 동안 숙소와 돌봄이 필요합니다. 그들은 말타에서 겨울을 나야 합니다. 다행스럽게도 그 지역은 기온이 겨울에도 따스합니다. 그래도 어떤 난민 숙소가 필요합니다.

로마 총독의 대표자 보블리오는 부자였고 좋은 사람입니다. 그는 바울과 그의 동행인을 우선 자기 곁에 둡니다. 보블리오의 아버지는 열이 있고 이질로 위험합니다. 바울은 짤랑거리는 동전만으로는 자신의 체류를 보답할 수 없습니다. 그는 그 아픈 사람에게로 갑니다. 바울은 하나님의 도움 없이는 아무런 도움을 줄 수 없었기 때문에, 기도합니다.

바울이 그 사람 위에 손을 얹습니다. 병이 자기 몸에서 빠져나갑니다. 소문이 얼마나 빨리 퍼지는지, 이제 그 섬의 모든 병자가 바울에게 몰려옵니다. 그는 그들을 낫게 합니다. 비록 그것이 눈에 띄지 않는다 해도, 그 선교사 역시 복음을 전해야 함이 당연한 것입니다. 즉 마음 속 깊은 곳의 상처를 고치는 사람이 한 명 있습니다. 그 이유는 그것은 치통, 류머티즘, 마비보다 더 나쁘기 때문입니다. 이 손상은 죄라 불리고 우리를 하나님으로부터 나눕니다. 하지만 나는 당신들이 다시 그에게 올 수 있을 거라고 당신들에게 말할 수 있습니다.

　섬 주민들은 숙소를 마련해 주고, 276명의 난민에게 석 달 동안 투덜거리지 않고 식사를 제공합니다. 그들은 자기 몸에 지니고 있던 것 외에 어떤 것도 가지고 있지 않은 사람들입니다. 그들이 계속 나아갈 수 있을 때, "이제야 우리가 이 짐에서 벗어나는구나. 마침내 우리는 그것과 이별하는구나"라고 하며 마음 가볍게 안도의 숨을 쉬지 않습니다. 오히려 존경과 감사의 표시로 난파민들의 배낭에 겨울 여행에 필요한 비축 식량과 옷가지들을 채워 줍니다. 그들은 모범되게도 맘이 넓고 통이 큽니다. 누가는 그의 복음에서 그들에게 무엇이라 하고 있습니까?

　"남에게 주어라. 그리하면 하나님께서도 너희에게 주실 것이니, 되로 누르고 흔들어서, 넘치도록 후하게 되어서, 너희 품에 안겨주실 것이다. 너희가 되질하여 주는 그되로 너희에게 도로 되어서 주실 것이다." (눅6:38)

　"선을 행함과 가진 것을 나눠주기를 소홀히 하지 마십시오. 하나님께서는 이런 제사를 기뻐하십니다." (히13:16)

여호와 하나님의 놀라운 권능과 은혜를 만끽하도록 돕는 묵상록

하나님과 함께 하는 시간
- Zeit mit Gott -

발행	2019년 10월 10일
지은이	정인모
펴낸 곳	꿈과 비전
발행·편집인	신수근
편집디자인	나래
등록번호	제2014-54호
주소	서울 관악구 관악로 105 동산빌딩 403호
전화	02-877-5688(대)
팩스	02-6008-3744
이메일	samuelkshin@naver.com

ISBN 979-11-87634-21-8 부가기호 03230 (PUR제본)
정가 12,000원